社会人3年目までの、ほめられる技術

こんにちは。著者の原邦雄です。

この本は、入社3年目までの社会人に向けて書きました。

私は今、50歳ですから、皆さんからしたら〝おじさん〟です。

そのおじさんが、若いあなた達に一生懸命書きました。

それは、幸せになってほしい！ 働くって楽しい！ って思ってほしいからです。

読み進めていくと、古くて暑苦しい！ と思うこともあるかもしれません。

私たちおじさんは正直、あなた達をどう育てたら良いか
分からなくなってきています。

厳しい事を言って育てることができなくなってきたのです。

みなさんの会社にはまだまだ、おじさんがいると思います。そのおじさんを代表して、あなたに言いにくいけれど、とても大切な事をまとめた本です。

少し厳しく言うとすぐハラスメントになる時代だけど、痛みを伴わない成長はないのもわかってほしい。

あなたのおじさん上司が言いたい本音など、ちょっぴり厳しい事も書いてあります。

でもね。これは、おじさんからあなたへの、愛のメッセージだと思ってほしいです。

おじさん上司を代表して、あなたの成長を心からお祈りしています。

原　邦雄

はじめに

◎「ほめられ貯金」を増やす土台づくり

人生は20代の「ほめられ貯金」で決まる――。

皆さんは「ほめられ貯金」という言葉を見て、どんなことをイメージしましたか？

仕事をするなら単にお金をもらうだけではなく、上司や先輩からほめられて過ごしたい……　そうか！「ほめられ貯金」というのは、毎日職場でほめられ続け、その経験が増えていくことなんだ！　そう思った方も多いのではないでしょうか。

もちろんほめられることで、ほめられ貯金は増えていきます。でも入社して3年間は特に、〝ほめられる自分〟になるための努力が大切だし、実際にチャンスがたくさんある時期です。まずはそのことを知ってほしいと思います。

私のクライアントに、業績好調な会社があります。その会社では、入社3年目までの社員を日々大いにほめています。そして彼らはぐんぐん成長していきます。

でもほめてばかりかというと、決してそんなことはありません。間違ったことをした時や軌道修正すべき時には、思い切り注意しているのです。

活躍している30代・40代の社会人には、ある共通点があります。それは社会人3年目までに〝大量行動〟していること。

大量行動とは言葉の通り、たくさん行動することを意味します。いろいろなことにチャレンジすれば、当然ながら成功もあるし失敗もあります。

「アポイントの日時を間違えて伝えてしまった」「自社の事情も分からず受注してしまった」などの失敗をすれば、上司から注意を受けるでしょう。

でも、失敗して叱られる経験をする人ほど、記憶に改善行動が刻まれます。刻まれた記憶は、次の行動に活きます。だからぐんぐん成長するし、結果として活躍し、〝ほめられる人材〟に育っていくのです。

ちなみに「叱る」と「怒る」は別物です。「怒る」というのは、不満やイライラといった感情を相手にぶつける行為です。「声を荒げる」「早口でまくし立てる」などは怒っているサインといえるでしょう。

一方の「叱る」は、改善するための注意やアドバイスを伝える行為。「落ち着いたトーンで話す」「じっと目を見て伝える」などは叱っているサインの一例。その根本には「あなたに成長してほしい」という、可能性への期待と愛情があるのです。

もちろん叱られたら、大なり小なり気持ちは落ち込むでしょう。回復するのに時間がかかる人もいるはずです。

でも、失敗したのに何も言われない、そんな職場でいいのでしょうか？「辞められては困るから」と、上司が甘い言葉ばかりかける職場で、あなたは本当に力をつけられるでしょうか？

職場とはプロの世界です。緊張感のない状況では伸びません。失敗やミスを指摘され、「なぜ失敗してしまったんだろう？」と理由や原因を突き詰めて学びを重ねた新人は、3年もすれば必ず力がついていています。

でも逆に、失敗やミスをしたときに何も言われなければ、経験値は上がらないまま。入社から3年間の経験の違いが、4年目からの圧倒的な差となって現れてくるのです。

だから、今のうちにたくさん失敗すればいいし、失敗を指摘されても当然です。そうした経験一つひとつが成功のためのヒントを提示して、あなたの「ほめられ貯金」になると考えてください。上司とあなたの間に信頼関係があり、注意された瞬間に〝感謝〟に変えることができれば、あなたは絶対に成長していきます。

もちろん同じ失敗ばかりを繰り返し、似たような指摘ばかり受けていたのでは、あなたに「ほめられ貯金」は貯まりません。失敗して注意され、改善点を見つけ、行動に移す。その積み重ねが、４年目以降にほめられるための〝種〟となるのです。

失敗を学びに変えるための努力や工夫が、あなた自身の成功法則になり、先の人生で「ほめられるための貯金」になることを、まずは強く認識してほしいと思います。

◇「ほめられたい欲求」こそ成長のバロメーター

私は〝ほめて育てる〟教育メソッド「ほめ育」を開発し、世界中に広める活動を行っています、原邦雄（はら くにお）と申します。

ほめ育が活用できる分野は、企業における人材育成をはじめ、実にさまざま。これまでに世界20か国、のべ100万人に「ほめ育」を伝え、多くの人の教育を応援してきました。

「ほめ育」とは、耳ざわりのいい言葉で安易にほめる・ほめられることではありません。心から相手の成長を願ってほめますし、だめなときは期待を込めて叱ります。「ほめる」と「叱る」はセット。どちらも大事です。


私はほめ育を広める中で、「何を・どのように」ほめれば従業員の「やる気スイッチ」を押し、結果を出せる人材になるのかを見てきました。と同時に〝ほめられる人材〟になるポイントもつかんできました。

上司や先輩が部下や後輩をほめるのは、基本的に会社やチームに貢献してくれたときです。

というと、売上や営業成績を想像するかもしれませんね。でも他にも喜ばれる貢献はたくさんあります。

たとえば、チーム内の誰も自主的に手を上げないときに、「はい！　私にやらせてもらえませんか？」と手を挙げたとしましょう。それをきっかけに先輩が「ありがとう。でも一人では大変だろうから、一緒にやろうか」と言うかもしれません。

これは、あなたの行動が呼び水になったということ。チームの仕事がスムーズに進むきっかけをつくれば「あのとき手を挙げてくれてありがとう。前向きでやる気があってすごいな」とほめてもらえるでしょう。

新人の教育には、時間も手間もかかります。ですからあなたが積極的に学び、一刻も早く即戦力になれば、それもほめられる材料になります。

成長する上で、「ほめられたい」という欲求は大切です。そのモチベーションが高ければ高いほど、20代の圧倒的な成長へとつながっていきます。

そのために皆さんに学んでほしいのが、次の章から紹介する「社会人3年目までの、ほめられる技術」です。

この技術があれば、どんな行動をすればほめられるのかが分かります。ぜひ今のうちに「ほめられる技術」を身につけて、ほめられ貯金を増やしてほしいと思います。

はじめに

◎第1章　VUCA時代に求められる入社3年目までの「新人像」とは？

◎第2章　上司に信頼される「ほめられ行動」の基本ルール

◎第3章　先輩・上司にほめられる新人は「先回り力」が違う

◎第4章　離れた上司・先輩に好かれる「神コミュニケーション」

◎第5章　オンライン時代の「IT×ビジネススキル」のお作法

◎第6章 「ほめられ上手」な人は幸せなキャリアを築くことができる

編集協力：山内早月

第1章

VUCA時代に求められる入社3年目までの「新人像」とは?

◇未来が不透明な今こそ、「自力で生き抜く能力」を身につけろ

時代が昭和から平成に移り変わった1989年。『24時間、戦えますか。』をキャッチフレーズにした、栄養ドリンク「リゲイン」のCMが人気を集めました。

当時はバブル期まっただ中、〝モーレツ〟に働くことが良しとされる時代でした。このフレーズは当時の日本の姿を映し出していて、「新語・流行語大賞」にも選ばれました。

あれから約35年。今の時代に「24時間働け」などと言おうものなら、間違いなく〝ブラック企業認定〟されてしまいます。

令和に入り、さらに時代は大きく様変わりしました。「リゲイン時代」を知っている上司は、部下とのコミュニケーションの取り方に悩んでいます。対する部下の皆さんも、そんな上司のことを「近づきたいけど、どこか怖い一面もありそう」と感じたり、「良い距離感を保っておこう」と思ったりしているのではないでしょうか。

しかもコロナ禍をきっかけに、「リモートワーク」という新しい働き方が一気に浸透。上司と部下とのコミュニケーションはいっそう難しくなりました。

まさに現代は、ＶＵＣＡ（ブーカ）の時代です。ＶＵＣＡとは「Volatility：変動性」「Uncertainty：不確実性」「Complexity：複雑性」「Ambiguity：曖昧性」という４つの単語の頭文字をとった造語。「先行きが不透明で、将来の予測が困難な状態」を指します。

コロナ禍を誰が予測できたでしょうか？ これからも誰も経験したことのない事態が、また起こるかもしれません。若い皆さんは「自力で生き抜く能力」を身につけなければ、変化に飲み込まれてしまう可能性があるのです。

前置きが長くなりました。

ではどうすれば、「ＶＵＣＡの時代を自力で生き抜く能力」を身につけていけるのでしょうか。

そのカギを握るのが、社会人３年目までの「ほめられる技術」です。

ほめられる技術を使い、20代で「ほめられ貯金」を増やすと、困難を乗り越える力が身につきます。すると、どんな時代であろうと自力で生き抜くことができるようになるのです。

一方で、ほめられ貯金を増やすには、注意される・叱られることも経験しなくてはならないのも事実です。

もちろん前近代的な悪しき習慣を押しつけるつもりはありませんが、現代の過剰な〝アンチ厳しさ〟の風潮には危惧を感じています。高校や大学を出て社会人になり、リタイアするまでは約45年間にも及びます。この長い期間を何のよろいも身にまとわず、無防備な〝丸腰〟状態で乗り切れるでしょうか?

たとえばプロ野球の世界では、シーズン開幕前に約1カ月間春季キャンプを行います。この期間の練習量や質によって、レギュラーになれるかどうかが決まります。厳しいトレーニングではありますが、このときにどれだけ努力するかで、勝負の舞台に立てるかどうかが決まるのです。

元大リーガーのイチロー選手は、「結果は困難を伴って出すべきであるし、そうでないと出ない」と語っています。成果を挙げるなら自分の限界と向き合い、妥協なくそれを突き詰めていくことが必要不可欠。苦行にも似たプロセスが、苦難を乗り越えて成果を出せる人間をつくり出すのです。

もちろんスポーツの世界に限りません。学問や研究の分野も同様です。そして社会人生活も同じです。

あなたは社会人生活のスタートに立ったばかり。長い道のりが待っています。この先を生き抜くためのよろいを身につけ、成果をもたらす土台を築く期間――それが最初の3年間なのです。

「石の上にも3年」という古いことわざがありますね。若い皆さんは「精神論か……」と目をそむけたくなるかもしれません。でも、成果を出すためには時間がかかるもの。その目安として昔から言われてきたのが「3年」なのです。

入社して最初の3年間は、過ぎてしまえば二度と戻ってきません。大切な3年間です。この時期に何を考え、どう行動するのかが、あなたの成長を決めます。厳しさから逃げないでほしいし、妥協しないでほしい。そして何より正面から向き合ってほしい。心からそう願っています。

上司から注意されたら、最初はこたえるかもしれません。でも、厳しい言葉や叱責の中にこそ愛があるととらえ、まずは上司と自らコミュニケーションを取ってみてください。まずは注意を受けたときに「ありがとうございます」とお礼の言葉を伝えるだけでも構いません。

繰り返しになりますが、時代は大きく変わりました。でも実は、新入社員が成長するためのベストな方法は同じ。「大量行動」こそ、昔も今も変わらないベストな方法なのです。
大量に行動して経験し、多くの学びを自分の中に蓄積していく。「量は質を凌駕する」という言葉がありますが、まさにその通り。最初の3年間は「量」重視でいいのです。大量行動しているうちに、「質」はちゃんとついてきます。

若い皆さんは、行動や経験から決して逃げてはいけません。どんどん場数を踏みましょう。そして大量に学びましょう。もしかすると壁にぶつかるかもしれませんし、思い切り叱られることもあるでしょう。でも、その全てが貴重な学びになるのです。

〝アンチ厳しさ〟の風潮により、叱らない上司も増えています。もしかすると「優しい上司だ」「現代的な物分かりのいい上司だ」と思うかもしれません。でも叱られなければ、皆さんは成長や学びの機会を失い、損をすることになるのです。

ほめられたいと思えば、まずは少し叱られてみてください。叱られた経験が、必ずあなたを成長させてくれます。

◇「失敗は成長の母」恐れず果敢に失敗することが成長の糧となる

誰だって、仕事で失敗はしたくありませんね。けれども今の20代の人たちを見ていると、その気持ちが過剰にはたらきすぎだと感じます。経営者や管理職の皆さんも、同じ感想を抱いているようです。

育った時代が違うのですから、皆さんが私たちと違ったマインドを持っているのも当然です。しかも皆さんの親は、リーマンショックを経験した世代。子を失敗させまいと安全地帯ばかりを歩かせる傾向があります。先回りして失敗させずに育ててきたのだから、失敗の経験がないのも当たり前なのです。

だから失敗をしたくないし、失敗することを過剰に恐れてしまう。そして失敗することを避けてきた結果、失敗に慣れていない。だから余計に「失敗は怖い」と感じて、避けたくなってしまう……　そんな悪循環に陥っているように感じます。

ですがその一方で、あえて挑戦する若者が増えていることも感じます。とても頼もしく、思わず「頑張れ！」と応援したくなります。

失敗したら注意されるでしょう。ミスをしたら小言を言われるかもしれません。

でも、それでいいじゃないですか。

最初から何でもできる人なんていませんし、失敗すること自体は決して悪いことではありません。

そもそも失敗しない人は、チャレンジすること自体を放棄している人です。何かにチャレンジするからこそ、失敗という結果がついてくるわけですから。


失敗して叱られる。それは、うまくいかなかった原因や改善のためのアドバイスをしてもらえる絶好の機会です。

クライアントに提案書を送ったけれど、いい結果が得られなかった。しかも上司からは「なぜ顧客の要望もろくに聞かず、提案書をつくったんだ。そんな独りよがりな提案でうまくいくわけはないだろう」と、思い切り注意されたとしましょう。

でも、それでいいのです。

今回失敗したのは、上司が指摘している通り、「自分の視点だけで仕事を推し進めたこと」が原因。次からはヒアリングシートをつくって丁寧に要望を聞き取り、提案内容に活かせばうまくいくはず。

「失敗は成功のもと」とは言い古された言葉ですが、今の時代も変わりません。やはり

「失敗は成功のもと」なのです。

上司や先輩はどんなことを言ってくれたのか？　その中身をしっかりと受け止める努力が、あなたにとっての「ほめられる技術」へとつながっていくことを、ぜひ知っておいてください。

◇「評価されるのが怖い」「公平に評価してもらえるかわからない」という不安

失敗すれば、会社や上司からの評価が下がってしまう……。失敗を恐れる気持ちの根本には、こんな心理もあるかもしれませんね。

最近見かけることが増えた言葉に「承認欲求」があります。もちろん「他者から認められたい」という承認欲求自体は、誰でも持っているもの。ですが現代の若者はあまりに承認欲求が強く、依存しているようにも感じます。その裏には〝自信のなさ〟があるのではないでしょうか。

自信がなければ、「人からどう思われているんだろう？」と不安になるし、評価も気になるもの。だから、インスタグラムなどのＳＮＳで誰かとつながっておきたい、認めてもらいたい……　そんな承認欲求が生まれるのです。

他人からの評価に敏感な皆さんが、「会社に評価制度がある」と考えると、ピリッと緊張感が走るのではないでしょうか。

「低い評価をされるんじゃないか」「もしも極端に低い評価だったらどうしよう」と心配しているかもしれません。

もしも評価制度に対してマイナスのイメージを持っているなら、叱られることに慣れていない、叱られるのが怖い気持ちと同じだと私は考えています。これまで育ってきた環境が「評価されるのがいやだ」という感情を生んでいるのです。

けれども、今日からはマインドを変えてください。入社後の3年間は、実は「評価の高い・低い」ということ自体に、それほど意味はありません。なぜなら3年間で大量行動しておけば、評価なんて4年目以降にいくらでも変えていけるからです。

ただし、「評価なんてどうでもいい」と投げ出してしまうのは違います。

上司からの評価、言い換えれば〝何を注意されたか?〟は、あなたがこれから手にするはずの、成長へのステップ。そのための材料を得ることができたと考えれば、むしろ大いに喜ぶべき状況だと思いませんか？

なお〝自信がない人〟とは逆に、〝自分を持ちすぎて固執してしまっている人〟も、評価されることをいやがる傾向があります。

自分では「人当たりが良くて社交的」だと思っているのに、「コツコツとこなす事務処理が得意です」なんてほめられると、自分の気持ちの中で不協和音が生じてしまうのです。

自分が望む評価ポイントと、周囲からの評価がずれているときに、「なぜ正しく評価してくれないんだろう」と不満に感じるのは、もったいないこと。評価を受けるときは、自分では気づけない力を知る何よりの機会。評価は考え方次第で、貴重な気づきや学びに変えるチャンスになるのです。

◇デキる社員はみんな、「叱られ上手」で「ほめられ上手」

皆さんの周りにも、いわゆる〝デキる社員〟がいるはずです。営業成績がいつもトップの先輩や、ユニークな企画を次々と提案する先輩、事務処理が抜群に速い先輩など、きっと思い当たる人がいることでしょう。

デキる社員には、ある共通点があります。それは「叱られ上手」だし、「ほめられ上手」だということです。


叱られたときにやりがちなのが、素直に受け止められず、ふて腐れたり、「でも、それは……」と反論や言い訳をしてしまったりすること。

気持ちをコントロールできずガタガタ震えたり、涙を流してしまったりする人もいるでしょう。その根本には「攻撃されている」「自分のことを否定している」という強迫観念があるのかもしれません。


でも、叱られ上手な人は違います。じっと相手の目を見つめ、じっくり話を聞いています。感情を出さずに、いったんアドバイスを受け入れるのです。

そして話が終わった後「分かりました。これから○○しようと思いますが、どうでしょうか」と、自分の考えが合っているか確認します。

このような対応ができるのは、「叱ってくれる人は自分の味方だ」と分かっているから。

だから話をしっかり聞くし、反省の気持ちを素直に示せるし、具体的な解決策も真剣に考えるのです。

こういう人は、同時に「ほめられ上手」でもあります。

人はほめられると、つい「いえ、そんなことありません」と謙遜してしまいがちですが、ほめられ上手な人は素直に受け止め、ほめられたことを喜びます。するとほめる側も自然と表情がゆるみ、笑顔になるのです。

皆さんには、たくさん叱られてほしいし、ほめられてほしい。そして、「叱られ上手」「ほめられ上手」になってほしいと願っています。

上司は、あなたに期待しているから注意するし、叱るのです。要は「あなたの実力は、こんなもんじゃないよ」と言っているのと同じ。可能性を信じてくれている証拠なのです。

その結果、ほめられるようになれば、あなたはどんどん成長します。「いえ、そんなことはありません」といった言葉を返すのではなく、ほめ言葉をしっかり受け止め、自分が成長するための燃料に変えてほしいと願っています。

◎リモートワーク化で「努力が見えにくい」時代になった

今から社会に出る人、または会社に入ってまだ間もない人が、5年や10年以上のキャリアをもつ先輩社員と大きく異なる点があります。

それは「入社後すぐにリモートワークを経験した」という点です。

本来であれば入社後3年間は、リアルな世界でコミュニケーションを取りながら、さまざまな経験を積みます。

ところが出社を制限され、リモートワークを余儀なくされたことで、皆さんはリアルなコミュニケーションの場を経験できませんでした。コロナは落ち着いてきましたが、リモートワークを続けている企業もあるでしょう。

本書のテーマである「入社後の3年間」については、毎日出社し、直接の対人関係の中で学びを得るほうが、その後のキャリアに良い影響を与えると私は思っています。

上司が毎日そばにいてくれて、あなたたちは日々の報告を行い、いいところはほめてもらえるし、そうでないところは指摘される。その「貯金」があなたにざくざく貯まっていくのが最初の3年間です。

とはいえ今は、リアルなコミュニケーションが難しい状況があるわけですから仕方ありません。新しい働き方に沿ったやり方で、若手社員の皆さんも自身の「ほめられ貯金」を増やしていくしかないのです。

上司の側からいうと、部下が実際に何をやっているのかが見えづらい点が、リモートワークの難しさです。

逆にあなたたちは、パソコン作業に集中し、神経をすり減らして仕事に取り組んでいても、その姿を見てもらえないのですから張り合いがないかもしれません。

「一人は楽だけど、自分がどう評価されているか不安になるんだよな」「努力が報われないんじゃないか？」と、ふと不安がよぎる瞬間もあるのではないでしょうか。

もちろん日々の頑張りが１００％見えてなくても、明確な成果を出せれば上司に伝わるのでしょう。

ところが入社して3年目まであたりは、まだどうすれば成果に結びつくのか、その方法論が分からないことが多いもの。ですから結果よりもプロセス、仕事への取り組み姿勢、やる気といったもので評価してもらうしかないのですが、リモートワークではそれが難しい……と、結局話が戻ってきてしまうわけです。

そういう時代なのですから、前を向いて、ぐいぐい進めていきましょう！　歩幅が小さくても、「前へ前へ！」が大切です。

では、〝頑張りが見えにくい環境〟であるリモートワークにおいて、入社3年目までの若手社員は、どうすれば自分の努力が上司に伝わるのでしょうか？

実は、「これさえすれば大丈夫」という近道は存在しません。非常にシンプルではありますが、「密な報連相」というものがやはり一番なのです。

私の会社の例を挙げてみましょう。

当社には、入社1年目の26歳の女性スタッフがいます。彼女は看護師から転職した異色の経歴の持ち主で、我々のビジネスについてはまったくの新人です。

だからこそ入社したときから、「とにかく報連相はしっかりやりなさい」と伝えてきました。そして実際に守ってくれています。

ただし、失敗やミスも少なくありません。

「この社長さんにメールしておいてね」と指示を出すと、メールはするものの文章の中身を間違えてしまったり、「納品までの工程表を作っておいて」と頼むと、事前の把握が不十分で、入れるべき要素が入っていなかったり……。

これらは彼女に限らず、若手社員だとよくある失敗でしょう。

ですが、リモートワークだと上司が失敗に気づかない可能性があります。もちろん本人も指摘されなければ気づきません。そして大きな問題になってから発覚して、大目玉をくらう……といった事態に陥るのです。

本人としては頑張っているのに、その努力を見てもらえない。しかも会社にとっても、大きなダメージになりかねません。

その点、彼女は「密な報連相」を心がけていますから、何か失敗があれば私がすぐ気づきます。

しかも彼女自身、リモートワークの中で起きたミスや失敗も、自分から報告してくれます。そして私は遠慮なく間違いを指摘して、ダメ出しをします。失敗の程度によっては、キチンと注意することもあります。

そのとき彼女は、実に感心する行動をとります。「ありがとうございます」と私にお礼を言ってくれるのです。

そして、間違いを訂正された内容を自分でノートに書き留め、正しい方法論としてストックしていきます。もちろん次からは、同じミスや間違いをしなくなります。

失敗も成功も全てすぐ報告する、共有すべきことはこまめに連絡する、困ったことがあるならすぐ相談する。知識も経験も少ない若手社員にとって、これらはごく基本的な行動です。

「密な報連相」をするからこそ、上司はあなたたちの努力を知ることができます。そして、間違っていれば指摘して、軌道修正することもできます。

ところが、こんなシンプルなことができていないために、損をしている若手社員が増えているように思います。

失敗こそ、報告のチャンス！　だって、失敗の原因と改善策を見つけられるのですから。入社して3年目までの社員に、多くの上司は難しいことなど期待していません。だから、どんどん間違えましょう。間違えていいのです。

報連相の中身だって、最初は質が低くても構いません。入社したての報連相は、質よりも量。習慣づけることのほうが大切です。

そして大事なのは、リモートワークの中でもやっぱり「叱られる」ということです。完璧な内容の報連相でなくてもいいのです。「失敗したって当たり前でしょ」と開き直って構いません。自分が楽な気持ちになって、失敗の中身をありのまま伝えればいいのです。リモートワークという努力が見えにくい環境だからこそ、密な報連相で自分の行動を伝える。そして、間違っているところがあれば指摘してもらう――それを素直に享受するスタンスを忘れないことが大事です。

◇コミュニケーションが希薄な時代だからこそ、「ほめたくなる人材」になれ

リモートワークが当たり前になった今、あるアンケート調査によれば、約９割の企業がコロナ禍以前よりも「社内コミュニケーションが希薄化した」と回答しています。

約２年間にわたって「他の人と直接関わらない働き方」をしてきたことで、「この方が楽」

と考える人が増えたようです。

「社内コミュニケーションの希薄化」は、今や多くの企業が頭を抱える問題です。たとえば、次のような声が上がっています。

「雑談の場がなく、仕事における気軽な相談ができない」

「企業の文化や伝統などが失われる」

このように、新入社員だけでなく上司や先輩たちも、「社内コミュニケーションの希薄化」による不安を抱えているのです。

けれども実は若手社員にとって、この状況は逆にチャンスだと言えます。

というのも、社内コミュニケーションが希薄化した今だからこそ、あなたたちが〝潤滑油〟として活躍できるチャンスがあるからです。

若手社員はまだ〝できていないこと〟だらけ。普段は淡々と仕事をしていた先輩社員たちも、皆さんの失敗や間違いを見れば気になって、アドバイスします。先輩同士で「どうやって教育したら良いだろう?」と相談することもあるでしょう。つまり若手社員が失敗することで、自然と社内にコミュニケーションが生まれるわけです。

あなたたちが潤滑油となって社内の空気が変わり、しかも貴重な学びが得られるわけですから、一石二鳥だと思いませんか？

もちろんコミュニケーションの機会を増やしたいからと、わざわざ失敗する必要もありません。若手社員ならではの「まだよく分かっていない」という立場を活かし、どんどん質問するのも良い方法です。

たとえば上司に「絶対に目標をクリアしたいのですが、おすすめの動画や本を紹介していただけませんか？」「どうしたら○○さんのように、いつも目標をクリアできるようになれますか？」と聞いてみましょう。

上司も答えてくれるでしょうし、その現場を見ていた先輩が「さっきおすすめの本を聞いていたけど、○○は読んだ？」とアドバイスしてくれるかもしれません。さらに他の先輩も、「その本もいいけど、まずは○○のほうが読みやすいんじゃないかな」と、話に加わってくれるかもしれません。

コミュニケーションを生むための働きかけをしているうちに、あなたは気づけばいつでも輪の中にいるはず。潤滑油としての役割を果たしていることに周りも気づけば、ほめてくれることでしょう。

ぜひコミュニケーションの潤滑油になって、「ほめられる人材」になってください。

◎チャレンジのないところに「ほめられ貯金」は貯まらない

行動するときには、「失敗したくない」「ミスしたくない」というマインドを持たないことが大切です。

マイナス思考がはたらくと、人はチャレンジという前向きマインドを失います。そして、ひたすら正解や安全のみを求め、縮こまってしまうのです。

モノとモノがこすれ合って摩擦が生じると、それはエネルギーに変わります。コミュニケーションも同じ。新しいものを生み出すには、摩擦を起こすことを恐れてはいけません。

摩擦を起こさずにほめられようとしても、差しさわりのない行動になります。それはあなたの「ほめられ貯金」にはならないのです。

たとえば少し背伸びして、「この案件、僕にやらせてもらえませんか？」と上司に言ったとき。まだ経験の少ない新人や3年目までの若手の場合、言ったのは良いものの、うまくいかないことの方が多いかもしれません。

でも成果が出ずに落ち込んでいる姿を見て、上司は「ナイスチャレンジだったぞ！」と言えるわけです。

つまり、チャレンジしないところには、ほめ言葉は生まれません。

チャレンジのないほめ言葉をいくらもらったとしても、それは自分に貯まっていく「ほめられ貯金」ではないのです。

うわべだけの甘い言葉ではなく、あなたがチャレンジした結果、努力した結果なのかどうか。叱られることを恐れずに、挑戦した成果であることを常に大事にしてください。

そして目指すべき到達点は、ちょっと背伸びしたら届く「ストレッチ目標」であることが大切でしょう。

思い切りジャンプしなければ届かない……　なんて高い目標を立てる必要はありません。まだ足腰のトレーニングが不十分なあなたにとっては、足を痛めてしまう恐れがありますから。自分の背丈よりも少し高い目標、少し背伸びしたら届く目標を立てて、着実に進めていきましょう。

◇パーパス・ビジョンに合った新人はおのずと期待される

近年「パーパス経営」という言葉が盛んに聞かれるようになりました。

若い皆さんも聞いたことがあると思いますが、パーパス（Purpose）とは直訳すれば「目的、意図、意義」のこと。企業経営においては、「志」や「企業の社会的な存在意義」といった意味を指す言葉です。

つまりパーパス経営とは、会社の存在意義を明確にして、それを経営の軸として事業を行うことをいいます。

新人や入社数年の浅い若手社員のあなたの上司は、主任や係長、課長や部長でしょう。では、彼らにとっていちばん上の上司は誰でしょうか？　社長や会長？　確かにそうですが、捉え方によっては、さらに上の存在があります。

それが、会社の「パーパス」。そして、パーパス実現において目指すべき姿「ビジョン」なのです。

たとえ社長であっても、自社が掲げる理念に背いた行動をとれば、株主をはじめ、利害関係のある人たちから非難されます。それだけ、パーパスやビジョンは企業にとって最上の存在。社員の誰もが心に留めておくべき絶対の拠りどころなのです。

新人や若手社員の皆さんに、「叱られることを恐れず、どんどん行動しましょう」と言いましたが、ただやみくもに行動を起こせばいい、〝チャレンジ〟という名のもとに何をやってもいいというわけではありません。

意識すべきは、このパーパスやビジョン。会社が定める理念や方向性であり、共有すべき信条、そして目指すべき姿――　これらに沿ったアクションであることが大事です。

会社に属したなら、自社のパーパスやビジョンをまずは自分の中に叩き込み、何度も確認しましょう。本質を理解することが必要ですし、だからこそ何度もかみ砕きながら、自身の中に腹落ちさせることが欠かせないのです。

その上で起こすアクションであれば、たとえあなたが失敗しても、上司はむやみに怒れなくなります。

入社して3年にも満たない期間は、仕事で会社に貢献するのは難しいこと。そもそも上司や先輩も、あなたがすぐに戦力になってくれるとは思っていないでしょう。

一方で彼らが期待しているのは、若さゆえの行動力や新鮮な発想、あなたの人柄や素養、ポテンシャルです。

業務を熟知するには時間がかかります。でも、会社のパーパスやビジョンを知ることはできます。深く理解し、共感を深め、実現のための行動を積み重ねましょう。

そうした姿を周りの人が見れば、好ましいと思うし、「育てていこう」「応援してあげよう」と思うはず。

こうした姿勢と行動も、あなたが3年目までに培うことができる、大事な「ほめられ貯金」の一つなのです。

◇「ほめられて伸びる」は入社3年目までが絶好のチャンス

入社して最初の3年間。この大事な期間に、あなたはどれだけ「ほめられ貯金」を貯められるか？　これは本当に大事なことです。

そのためにはまず「叱られることを厭わない」ことが重要。そして上司とのコミュニケーションを恐れず、進んで「叱られ上手になる」ことも欠かせません。そうすれば、「ほめられる自分へと成長できる」という話をしてきました。

というのも、入社3年目までのあなたには、今だけの特権があるのです。

特に入社1年目であれば、「ついこないだまで学生だったのだから、何もできなくて仕方ないよね」というふうに見てもらえる、期間限定のスペシャルクーポンを持っているのと同じです。

この貴重なチャンスは今だけ。会社に入って3年くらいは、いろいろなことを大目に見てもらえます。長いキャリアを積んでいく会社員にとって、こんなに恵まれた期間は二度とやって来ないのです。

もちろん、それに甘んじていてはいけません。2年目や3年目に入って何の進歩もなければ、周りの見方や接し方も変わってくるでしょう。

では、「3年でよくここまで成長したね」「このままのペースで成長したら、すごく楽しみ。会社の宝になるね」と思ってもらうには、一体どうすれば良いのでしょうか？　実は業務そのもの以外でも、チャンスはたくさんあります。

たとえば、「目上の人へのメール文章が行き届いている」「イベントや会議で大人数の仕切りがうまい」「気の利いた手土産が用意できる」「絶妙なタイミングでお礼が言える」など。評価してもらえるシチュエーションはたくさんあるのです。

こうした「まだ若いのにすごいね」「入ったばかりでこんなことができるのか！」という〝ギャップ法〟が使えるのは、入社3年目まで。自分の得意な分野や事柄で、力を発揮してください。

経験がないからこそ、逆に上司に「お！　なかなかやるじゃないか」と思わせることができるスペシャルな期間。圧倒的に「叱られ要素」が多いのが3年目までですが、こうした「ほめられチャンス」を得ることができるのもまた、この時期ならではです。

しかも、それはあなたのちょっとした意識の持ち方次第で、どんどん目の前に現れるようになることをぜひ知ってください。

では次の章から、社会人3年目までに培うことができる、「ほめられチャンス」の具体的な作り方について紹介していきましょう。

第2章
上司に信頼される「ほめられ行動」の基本ルール

◎「結果」では意味がない、「成果」にとことんこだわれ

この本は、社会人3年目までの方に向けて書いています。だからこそ、仕事には厳しさが必要不可欠だということを、しっかりと伝えたいと思っています。体が大きくなるときには成長痛を伴うように、皆さんが成長するときには、必ず〝厳しさ〟という痛みが必要です。

ですから「ほめ育」では厳しい経験をしてしんどい中でも、短所やウイークポイントを見つけたら、「注意」を徹底しています。

「え⁉ 原さんは『ほめ育』の専門家じゃないの？」

「ほめて伸ばすことのプロなんでしょ」

そんなふうに思う若い方もいるかもしれませんね。

もちろん私は、ほめることの素晴らしさや、そのことがもつ底知れぬパワーを誰よりも理解しているつもりです。でも、だからこそ安易にはほめません。

特にほめるのは、成果につながるプロセスを行ったときです。「結果」ではありません。

「成果」であることが大事なポイントです。

「結果」というのは、どんな形でも出るもの。プラスの結果もあれば、マイナスの結果もあります。頑張らなくても努力しなくても、結果は出るわけです。

一方の「成果」とは「成し遂げて得られる良い結果」であり、狙ってプラスの結果を出すものです。

単なる結果に甘んじていては、人は育ちません。人は成果を挙げてこそ、成長します。

「これまでできなかった仕事ができるようになった」「分からなかったことが、分かるようになった」――中身の大小はともかく、自身がより高みに上れることが成果であり、人が成長した結果が、成果なのです。

成果を出してこそ、人はほめられる。そのことを強く意識してほしいと思います。

ですから入社して最初の3年間は、この「成果につながるプロセス」にとことんこだわってください。

結果ではダメで、あなたにとっての「成果」とは何か。

自分なりの「成果」にこだわり、日々それを実感できるような3年間を送ることが、その後のあなたの成長角度を上げることにつながります。

そして仕事は常に、仮説と検証です。後の章で詳しく述べますが、高い質の仮説をいかに積み上げていくか。それには、入社後の3年間で考え方の基礎をしっかり身につけて、一生忘れないでほしいのです。

この3年間は、あなたにとってのいわば助走期間。いかに加速できるか、勢いのあるステップを踏めるかで、4年目以降の伸びはずいぶん違ってきます。そのために必要なのが、「成果につながるプロセス」に対するこだわりの意識なのです。

企業人という名のプロフェッショナル、または起業人でも良いでしょう。学生というアマチュアとの差は、成果を求められるのか、単なる結果でよいのかという違いです。

社会人になれば数値目標を持ち、達成していかなくてはなりません。それが仕事のやりがいです。

違う言い方をすれば、目標をクリアする習慣が身につかない人は、やりがいがいのある職場環境を作れないということ。出世もありません。

あなたはもうプロの世界に入ったのです。もしも学生気分が抜けていないなら、今日からは結果ではなく「成果」を目指す人になってください。

成果を絶対に出してやるんだという心の強さやエネルギー、つまり〝プロ意識〟を持ってほしいのです。

努力しなくても結果は出ます。けれども、努力しなければ成果は出ません。結果でなく成果にこだわる3年間を過ごしましょう。

では、どうすれば成果を得られるのでしょうか。そのために心がけてほしい、若手社員の〝ほめられる基本行動〟を紹介しましょう。

◇3年目までに身につけたい、ほめられる「質問力」

「分からないことがあれば何でも質問してね」——おそらく会社に入った新人の誰もが、上司や先輩から必ず聞く言葉ではないでしょうか。

人は誰しも「人に役に立ちたい」という思いを持っています。入社して間もない時期に質問すると、ニコニコしながら「それはな……」と、事細かに教えてくれる上司がほとんどだと思います。ですから、本当に〝何でも〟質問してもよいのです。

けれども数カ月経つと――政治の世界でよく言われる政権交代後の「ハネムーン期間」のような入社後100日ぐらい経過すると――そうはいきません。次第に上司は「あなたがどんな質問をするのか?」を検証します。その良し悪しが、あなたの評価につながるのです。

具体例を二つ紹介しましょう。

翌日上司と一緒に、クライアント先でのプレゼンテーションを控えている入社2年目のAさん。上司にこんな質問をしました。

「課長、明日のプレゼンよろしくお願いします。ところで○○社ですが、場所はどこですか?」

厳しい言い方かもしれませんが、社会人になって場所を調べていないのは〝論外〟となります。

一方、同じく入社2年目のBさんは、こんな質問をしました。

「明日はよろしくお願いします。自分に何かできることがありますか？」

この質問は前向きですし、自分にできることを探ろうとしている点では評価できます。

ただし受け身のスタンスで物足りません。もう一歩踏み込んだ質問ができれば、上司の印象はもっと良いものになるでしょう。

そしてもう一人の同期、入社2年目のCさんは、こんな質問をしました。

「明日は、〇〇社のビル下での待ち合わせでよろしいでしょうか？」

そして、こう付け加えたのです。

「私は30分前に行っています。調べたら近くにスターバックスがありましたので、席をとっておきます。メールで場所のＵＲＬ送っておきますね。必要でしたら打ち合わせもできますし、不要でしたらビルの前で10分前にお待ちしています」

Cさんは質問をしつつも、具体的に自分の行動を示しています。さらに打ち合わせ場所に関しても手も打っており、完璧です。

もう一つの例は、次のようなシチュエーションです。

週末に得意先との食事会があり、同行するように上司から言われている新人Xさん。彼は上司にこんな質問をしました。
「課長、土曜日の食事会はどのような服装が良いですか？　普段のスーツとネクタイで大丈夫でしょうか？」
一方、もう一人の新人Yさん。何を質問することもなく、いつも通りのスーツ姿で会場にやって来ました。

結果的に、その食事会は普段通りのスーツでOKでした。
ですが、ひょっとしたらお客様はラフな服装での食事会を好んだかもしれません。スーツでOKだったのは、あくまでも結果論です。

当日の服装について事前に確認するXさんと、質問しないYさん。上司の受ける印象には大きな差が出ます。
Xさんに対しては「TPOを考えて動けるから、どんな仕事も任せられそうだ」

という印象を持つでしょう。でもＹさんに対しては「仕事で細かい配慮ができるだろうか」という印象を与えかねません。

この二つの「質問」のシチュエーションで、共通する大事なポイントがあることに気づきましたか？

上司に評価された二人は、分からないから質問しているのではありません。

「ビル下で10分前の待ち合わせで大丈夫だと思うけれど、念のため確認しておこう」「スーツ着用でいいと思うけれど、きちんと聞いておこう」といったように、「仮説を立てて確認する」というスタンスで上司に質問しているのです。

まずは自分で予測し、仮説を立てる。その上で、仮説が正しいかどうかの「確認」を行っています。分からないから質問するのと、自分である程度考えてから質問するのとでは、相手が受ける印象は大きく異なるのです。

何も考えていない〝すっからかんの質問〟は、自分を下げるマイナスプロモーションになりかねません。「何も考えていない」という恐怖のレッテルを貼られてしまうかもしれないのです。

質問するときは仮説を用意して、正しいかどうかを確認する〝答え合わせ〟の感覚を持ちましょう。「よく分かっているな！」と評価が上がるはずです。

◎質問の善し悪しは、準備した時間の長さに比例する

プレゼンテーションや商談、プロジェクトの会議などで良い質問をすれば、あなたの評価はどんどん上がっていきます。ではそうした場で良い質問をするには、どうすればいいでしょうか？

その答えは「準備が9割」です。

時間をかけて準備しましょう。とにかく時間をかける、最初はそれで構いません。

上司は当事者意識があるから問題意識を持ち、きちんと深いところまで考えます。ですが若手は無意識のうちに「上司がいるから大丈夫」「上司が先導してくれるはず」と思ってしまって、自分事として捉えていないことが多々あります。

ですから2～3日前から準備を始める、もしくは前日に慌てて頭に詰め込む……　ということもあるでしょう。

それでは表面をなぞっただけになり、良い質問は出てきません。上司も「一夜漬けだな」とたやすく見抜きます。見当はずれの質問をすれば、場の空気を悪くすることだってあるかもしれません。

だからこそ「準備が9割」と唱えて、徹底的に準備するのです。

まだ経験がなくても、時間をかければ、より深い部分が見えてくるはず。その中から出てきた疑問に自分なりの答えを想定し、質問しましょう。上司も「長く考えていたんだな」と分かるはずです。

良い質問ができるようになれば、「大事な仕事を任せられそうだ」という信用にもつながります。質問の材料をそろえるためにも時間をかけ、周到な準備をしておきましょう。

◎上司からの信頼を高めていくための「質問法」あれこれ

入社後3年目までの「質問力」について書いてきましたが、このように「上司に何をどう聞くか」に少し意識を傾けるだけで、「しっかり時間をかけて考えてきた質問だな」と評価が上がります。

1年目の約100日間は、新しい環境の中で分からないことを解決し、情報を得ていく期間。つまり、インプットとストックの時期です。

分からないことがあったら、素直に聞きましょう。得た情報は、もらすことなく自分の中に溜めていくことも大切です。

おすすめしたいのが、「タスクノート」を作ること。受けたアドバイスを書き込んでおけば、アドバイス通り行動できたときに達成感が得られます。

しかも「○○さんのおかげで実現することができました」とお礼を伝える準備にもなるのです。

なお、１００日を過ぎたら、次の段階に入らなくてはいけません。ある程度の答えを、仮説として持てるようになりましょう。

繰り返しになりますが、上司への質問は、自分なりの仮説の「確認」と「検証」であるべきです。その繰り返しの中で、成果を出す確率がどんどん上がっていくのです。

とはいっても、「どう質問すればいいんだろう？」という方も多いでしょう。いくつか質問法の「型」を知っておくと質問しやすくなります。代表的なものを紹介しましょう。

一つ目は「秘書的質問法」です。

上司は日々さまざまなタスクを抱えており多忙です。そんなとき、秘書のサポートのような質問で助けられることがあります。

「１週間後のクライアントへの訪問ですが、お土産は私が準備しましょうか？」

この質問が上司へのリマインドになり、「おお、そうだった」「よく覚えていてくれたな」ときっと重宝されます。

上司にとってリマインドは、すごくありがたいもの。上司には来週どんな予定がありますか？　そのために何が必要で、あなたに何ができますか？　考えればきっと、質問が思い浮かぶはずです。

二つ目は「問題解決型質問」です。

たとえば「今回のプロジェクトがうまく進まない原因って何でしょうか?」といったように、一緒に案件を進める上司に質問を投げかけてみましょう。

これは「教えてほしい」という問いかけの言葉でありながら、「一緒に自分も考えたい」という、問題解決に向けて協働する想いが込められています。「何とか前に進めたいので、知恵を貸してください」といったスタンスの質問方法なのです。

これを聞いた上司は、喜んで「そうだなあ……」と一緒に考えたり、上司ならではの考えや知恵を授けてくれたりするでしょう。

問題解決型質問をするときのポイントは、軸足はあくまで自分に置いておくということ。「どうすればいいんですか?」という一方通行の問いかけでは「少しは自分で考えろよ」とダメ出しされ、評価を下げることにもなりかねません。

三つ目は、「チェックイン型質問」です。

この質問は、コミュニケーションを円滑にしたいときにおすすめです。

質問内容は仕事から離れ、上司がプライベートで大切にしていることを話題にします。

たとえば「この前のゴルフ、どうでしたか？」「お子さんの野球の試合、どうでしたか？」といった具合です。上司の顔が思わずほころぶような問いかけをしましょう。


人は「自分のことを誰かに話したい・聞いてもらいたい」という気持ちを持っています。だから自分のことを聞かれるとうれしいですし、好きな話題ならなおさらです。

他愛のない話で十分です。ガス抜きや息抜きになるような、上司との関係性が良くなるような明るい質問を、普段からイメージしておきましょう。


ちなみにこれは、上司との会話が途切れたときに、気まずい沈黙の時間を打開できる質問でもあります。

「この子とは会話が弾むな」「一緒にいるとイライラが解消されるし、気が休まるな」と思ってもらえると、「よし、次の現場も一緒に行こう」という良い流れになっていきます。

質問の代表的な型を紹介しました。まずは「これならできそう」と思うものから活用してみてください。

あなたが質問した内容から、上司は仕事に対する意識の度合いを見ています。ですから安易に捉えず、深く考える必要があるわけです。

その一つひとつがあなたの評価につながります。そして何より、良い質問をするための時間があなたを鍛えてくれることを、ぜひ知っておいてください。

◇「挨拶」の本当の意味を知ると〝評価〟が変わる

昔から「挨拶はコミュニケーションの基本」と言われ続けてきました。学校で部活をしていた人は、先輩への挨拶は当然のルールだったでしょう。私も空手をやっていましたから、礼儀は厳しく教えられました。

会社に入っても、まずは挨拶の基本について教わったはず。今も昔も挨拶は、日本人が最も重視するコミュニケーションの基本といえるでしょう。

とはいえ「挨拶をしよう」と聞くと、「そんなの昭和の精神論では？」と敬遠する若い世代も多いのかもしれません。いやいや、昭和で大いに結構です。挨拶は決して、単なる儀式でもなく形式でもないのです。


ちなみに「挨拶」の語源を知っている方は、どれくらいいるでしょうか？

挨拶という言葉は、「一挨一拶（いちあいいちさつ）」という禅宗の言葉に由来します。「一挨一拶」とは、師匠が弟子と押し問答をして、修行や悟りの深さを試すこと。「挨」は「心を開いて近づく」、「拶」には「迫る、近づく」という意味があります。

つまり挨拶という言葉には「自分の心を開いて、相手に近づく」という意味が込められているのです。


挨拶には「おはよう」「こんにちは」などの言葉があります。

これらは普段は何気なく使う、習慣的な言葉かもしれません。でも人と人とが触れ合い、心を開いて近づくための第一歩でもあるのです。

「そんな意味知らなかった」という方が大半でしょう。それで構いません。でも今日から意識してみてください。

挨拶とは自ら心を開き、相手に近づいていくというコミュニケーション――そう考えると、挨拶するときの気持ちが変わりませんか?

誰かから「おはようございます」と言われて、単に「おはようございます」とだけ返したのでは、本来の〝挨拶〟としては十分ではないのかもしれません。それなら「あなたに近づきたい」という思いを込めて、挨拶してみましょう。

まずは、言われてから挨拶するのではなく、自分からアクションを起こすこと。できれば一歩前に出て、「おはようございます!」「お疲れさまです!」と、相手の心に近づくつもりで声をかけてみましょう。

ちなみに挨拶ができるシーンは、直接会ったときに限りません。たとえばメールやLINE。定型文だけの挨拶に最近の出来事を加えるだけでも、相手が受ける印象は変わります。たとえば「先日はありがとうございました。教えていただいた方法を、毎日実践しています」と伝えれば、相手は喜んでくれるでしょう。

「先日はお時間をいただき、ありがとうございました。少し咳をされていましたが、その後、体調はいかがでしょうか?」というように、相手のことを気遣う一文を加えるのもいい方法です。

なお「先日は」という一言を入れると、「あれからずっと忘れていなかったのか」と思ってもらうきっかけになり、良い印象を与えられます。

この「覚えている」という意思表示はとても大切です。

先日食事に連れて行ってくれた相手には、「あのお店、とてもおいしかったので、また連れていってください」という〝挨拶〟を入れてみてください。そうしたプラスアルファの一言によって、相手との距離が少しずつ近づいていきます。

とはいっても、相手にいきなり近づきすぎるのは禁物ですから、気をつけましょう。

自分の思いを一方的に相手に押し付けたり、「自分の好きな話はきっと相手も好きだ」と思い込んでコミュニケーションを取ったりするのは、避けたほうが無難です。

相手の気持ちを推し量りながら、適切に〝挨拶の距離感〟をはかっていくことも社会人には必須のスキルです。

コミュニケーションの本質である、挨拶の意味と定義を腹落ちさせて、ぜひあなたも職場で行動に移してみてください。

◎「時間」「約束」がダメだとせっかくの実績が水の泡

職場では挨拶が大切です。そして「時間を守る」ことの重要さも言うまでもありません。

先日、部下と待ち合わせをしていたときのこと。コーヒーが好きな私のために、部下はわざわざスターバックスに立ち寄って、コーヒーを買ってきてくれました。ただし、そのために約束した時間に遅れてしまったのです。

待ち合わせ場所に現れた彼女は、「すみません、3分遅刻しました……」と申し訳なさそうにうつむいていました。

気持ちはとてもうれしいのですが、やはり優先すべきは「時間を守る」こと。入社してすぐなら、なおさらです。

なぜなら入社して間もない期間は、上司があなたのことを「どんな人なんだろう？」と

〝品定め〟をしている最中だからです。

そんなときに約束の時間を守らないと、〝時間を守らない人間〟というレッテルを貼られるかもしれません。しかも一度そういうイメージがつくと、払拭するには3倍以上の時間と労力を要します。


でも、単に「時間を守る」なんていうことは、いわば基本中の基本。ここで力説するようなことではないはず。


あなた自身の成長を促し、ほめられるスキルを手にするには、もっと踏み込んだ意識と努力が必要です。たとえば、こんなシチュエーションが考えられます。

得意先への訪問で、あなたは上司と最寄り駅で待ち合わせることになりました。

「○○駅の東口改札で、訪問時間の10分前に待ち合せな」と言われていたあなたは、「よし、絶対に時間厳守だ。念のため15分前に行っておこう」と、早めに駅に到着。やがて10分前きっかりに上司が姿を見せ、「おう、早いな」と笑顔を見せてくれます。

そして、こう言いました。「じゃあ行こうか。お客さんのビルはどの方角だ？」

あなたは、「え!?」と固まってしまいました。

上司は、「ん？　調べてないのか？」笑顔はすっかり消えて、冷たい視線が向けられています。

「すみません、ちょっと待ってください」と慌てて相手企業の資料をカバンから出し、スマホの地図画面を開く……。

現場同行というと、〝上司が自分を連れていってくれる〟と思ってしまう人は少なくありませんが、それは大きな間違いです。

現場同行はむしろ、上司や先輩があなたに同行してくれるのです。商談の中身は上司がリードするものであっても、現場に行き、帰ること自体はすべてあなたが主体の同行であることを忘れないでください。

あなたは〝お客さん〟ではありません。上司任せではダメなのです。

事前に行き方を調べておくのは当然ですし、不安があれば30分前には到着し、ある程度の方角や順路を確かめましょう。そうした準備をした上で、上司を先導しながら現場に向かうのが理想です。

その道すがら、「お客様はこんなビジョン持っているみたいですが、今日の商談はどのように進めますか？」

「どこを商談のゴールに設定しますか？」

など、自分が調べてきた材料をもとに、商談の方針や内容を上司と共有します。

そして万全の体制を整えた状態で、目的地に着く――　こうした流れをつくって商談に臨むのが、「ほめられる時間の守り方」なのです。

「いや、僕はまだ1年目で知識も経験もないから、そんな行動はムリ！」と感じますか？

こうした一連の動きをするにあたって、知識も経験も一切いりません。必要なのは「事前のリサーチ」と「当日の行動」だけ。実行に移す意識さえあれば、１年目でもできることです。

「時間を守る」なんていうのは当たり前のこと。時間通りに来たからといって、「すごいね！」なんてほめられるわけがありません。それ以上の付加価値、プラスアルファの行動や気遣いを上司に見せないとダメなのです。

「時間を守ること」ともう一つ、「約束を守ること」も大切です。

約束を守ることはビジネスの大鉄則。でも、本当の意味で約束を守るには、〝約束は進化するものだ〟ということを頭に入れておかなくてはなりません。

ビジネスは生きもの。予定や想定通りにはいきません。アクシデントやハプニングが生じたり、先方や周囲の事情に左右されたり、不測の事態は往々にして起こります。それでも、ビジネスにおいては「約束は絶対」。

だから、「約束は進化するもの」と肝に銘じておくわけです。

上司から、期日までに企画書の提出を求められたとしましょう。

約束という意味では、期限日までに用意ができればいいわけです。でも、それまでに何が起こるか分かりません。

たとえば、期限日の前日にクライアントから電話があり、「なんとか明日の会議で提出する資料がほしい。今日中に作ってくれないだろうか?」と急な仕事を頼まれることも考えられます。

「どうしよう、両方を仕上げる余裕はない……」と頭を抱えてしまうのではないでしょうか。

そんなときにあなたを助けてくれるのが「随時報告」です。

随時報告とは、タイミングを決めず、何かあればその時々で報告すること。何か変化があったり、仕事が進んだりしたときに、必要に応じて報告することを指します。

おすすめしたいのが、「仕事が20％ほど進んだな」と思ったタイミングで報告すること。

たとえば、プロジェクトが言いつけられた企画書の進捗を、20％程度が進んでいくごとに、大まかでも良いので上司に随時報告していくのです。

「課長、今リサーチまで終わりました。次は情報を精査して資料をつくります」と、20％の進捗段階で報告します。次は40％、60％、80％が出来上がったら、同じように報告します。

仮に85％まで到達した段階で状況が変わり、不可抗力によって期日に間に合わない可能性が出てきた……　そんな場合でも随時の報告をしていれば、上司の受ける印象は違います。

このように随時報告をしておくことで、不測の事態に備えて予防線を張ることができます。依頼された仕事の中身によっては、詳細な途中報告が難しいものがあるかもしれません。でも「進んでいます」という意思表示だけは、きちんとしておきましょう。

◎20代の勉強意欲の高さが「10年後」を決める

あなたは社会人になって何年目でしょうか？　大卒で3年目なら、これから10年も経てば35歳になりますね。新人であっても十数年すれば35歳。あっという間です。

社会人にとって「35歳」というのは一つの区切り。転職できるギリギリの年齢と言われます。約十年後に、他の企業から「欲しい」と思われる人材になっているかどうか。それが、あなたのキャリアを左右します。

20代前半で、就職したばかりのフレッシュマンの皆さんは、10年後の自分の姿などイメージできないかもしれません。

でも、「今の行動」の先に「10年後」があります。違う言い方をすれば、今の行動が

10年先を決めてしまうのです。

20代のうちにどれだけ学び、思考や意識の貯金をつくれるかが、35歳のあなたをつくります。ですから10年後はイメージできなくても、「今」に焦点を当てて、後悔しないための行動をし続けてほしいのです。

日本人は「30代になると伸びない・成長が加速しない」と言われる傾向があります。

その原因は、20代のうちに勉強しないから。「社会に出たらもう勉強しなくていい」というマインドをもつのが、日本人は顕著といわれています。

実際に、経済産業省が令和４年にまとめた「未来人材ビジョン」によれば、「社外学習・自己啓発を行っていない人」の割合は46％。つまり半分の人が、自主的な勉強を行っていません。この数字は、先進国の中で最下位です。

確かに、学生時代に勉強を頑張ってきて大学に入り、ようやく社会人の切符を手にしたわけです。「もう勉強は十分」「そもそも勉強する時間なんてない」と思うのも自然なことかもしれません。

でも、植物が養分を吸収しないと成長できないように、皆さんも養分を吸収しなければ、いつか成長が止まってしまいます。その養分を得られるのが、皆さんにとっては〝勉強で得られる新しい知識〟なのです。

勉強というのは、仕事内容に直結しなくても構いません。良書をひたすら読み、学びを得るのも大事なことです。

20代のうちに読んで活かせるのが、本田健さんや森信三さん、中村天風さんの著書。稲盛和夫さんの「生き方」、スティーブン・R・コヴィー博士の「7つの習慣」、吉井雅之（ナニメン）さんの「習慣が10割」もおすすめです。拙著「ほめコミュニケーション」も読んでいただきたいです。

皆さんの社会人としての人生は、まだ始まったばかり。「社会人になれたから、もう安心」でありません。

これからが本当の勝負。根性論が通じない時代とはいえ、どんな分野でも努力しない人にはポジションはないでしょう。

もちろん中には、20代前半でありながら話術に長け、要領のいい人もいます。そういう早熟な人は、若くして大きなプロジェクトのメンバーに抜擢されることもあるでしょう。

そうした際、自信を持つことは大切です。でも「自分はすごいんだ！」と過信してはいけません。

たしかに能力があるから任されるのでしょう。でも、入社して数年です。知らないことのほうが圧倒的に多いわけです。

「経験を積ませてもらっている」という意識を持たなければ自意識過剰になり、学ぶことをやめてしまいます。すると5年経ち、10年経つと、コツコツ頑張ってきた人たちに簡単に追い抜かれてしまうかもしれません。

1章で「大量行動」について話しましたが、勉強も同じです。どんどん学びましょう。

そうしなければ成長が止まり、30代、40代で活躍できません。35歳という区切りを迎えたときに転職市場で見向きもされない可能性も十分にあります。

そうした危機感を胸に、今この瞬間を大事にしてほしいと思います。

◎「売上」「利益」「生産性」の〝数字意識〟をもつ人は信頼される

皆さんの会社は、何を目的に企業活動を行っているのでしょうか？

慈善事業でないなら、目的は売上や利益の追求であり、それを上げていくための生産性の向上でしょう。

ですから会社で働くなら、売上や利益といった「数字」に貢献しようとするアンテナを持つことが必要なのです。

けれども日本の若者を見ていると、「会社の利益のために働く」という意識が薄いことが少なくありません。

あなたは何のために働いているのですか？――この質問に対して「会社の利益のためです」と即答する若手社員と、これまで出会ったことがないのです。

それはおそらく、私たち日本人は小中学校などの教育課程の中で、「お金」に関する勉強を、ほとんどしてこなかったからだと考えています。

だから必然的に、会社に入った後「どのように貢献すべきか？」という問いかけに、お金という観点が入り込まないのです。

どんなに崇高な目的も、会社に利益がもたらされていなければ叶えようもありません。「お金」に対する執着は、社会に出て会社に入れば、否応なしにあなたの脳裏に刻まれなければならないのです。


ですから皆さんは、今日から早速その意識を持ってください。会社の業績を上げるために、あなたはどんな貢献ができるでしょうか？

営業部だったら売上でしょうし、総務部であれば業務の効率化であり、生産性の向上でしょう。数字を追い、会社の利益を追究することを意識してほしいのです。


どの部署にも必ず数値目標があります。ですから「目標を達成してやるぞ！」という高い意識を持ち、達成につながる行動をしている人が評価されます。

「そうそう！　その意識が大切だよ」とほめられる人になってください。有言実行や無限実行などスタイルはいろいろありますが、評価基準は同じです。

もう一つ、数字に対する意識で評価されるのは、「給料以上に働いている」人材です。社内でそんなうわさが立つようになれば、周囲から一目置かれる存在になっていきます。

では給料以上の仕事とは、一体どのようなものでしょうか？

営業職は、会社が定めた目標よりも高い成績を出せば、「給料以上に働いている」ことになります。バックオフィスの業務を担っている人は、「決められた仕事」以上のことをしましょう。

必ずどの部署にも「これをやったら帰っていいよ」という、ルーティンワークや日々の定例業務があると思います。そこにプラスアルファの付加価値をつけると、「給料以上の仕事」になり得るわけです。

いいえ、何も難しいことをしようと思う必要はありません。散らかっているコピー用紙を整理する、電話をきれいに拭く、困っている人の手伝いをする……　なんでもいいのです。

ちょっとした周りへの気遣いを、コツコツ積み上げていけばＯＫ。ささやかでも相手のためになる、ちょっとしたこと。給料以上の〝プラスワン〟の感覚でいいのです。

けれども、一つだけ大事なことがあります。それは、毎日徹底的に続けるということ。

１カ月、３カ月、半年、１年……　地道に継続することで、必ず会社の中であなたの良いうわさが立つようになります。

その結果、「給与以上の仕事をしている人」というイメージを持たれる人材になっていくわけです。

私が以前いた職場に、出世に恵まれない40歳手前の先輩がいました。

決して能力が劣るわけではありません。でも、新規立ち上げの部署ばかりを任されていたこともあって、結果がすぐ出ませんでした。先輩は人の好い性格だったため、当時の部長から損な役回りばかり押し付けられていたのです。

けれども、決してくじけなかった先輩。コツコツと業務をこなし続け、後輩の私から見て明らかに「給料以上の仕事をしている」存在でした。

そんなある日のこと、会社の人事異動があり、役員からの鶴の一声で、部長は地方へ転勤。新しい部長がやってきました。

新しい部長は、能力や資質を公平に評価する人でした。その部長との出会いによって、先輩の才能が一気に開花。営業成績がぐんぐん向上したのは言うまでもありません。

そして先輩は知識や経験、素養をきちんと認められ、所長を飛び越えて一気に支店長にまで抜擢されたのです。

私たち後輩もそれを見てうれしかったですし、「見てくれている人はちゃんといるんだな」と、会社のことを見直したものです。

組織で働く以上、皆さんも「上司に恵まれない」時期があるでしょう。でも、諦めないでください。

へこたれず負けずにコツコツと「給与以上の仕事」を続けていれば、きちんと評価してくれる人が必ず誰かいるものです。

もしも給料以上の仕事をすることを「損だ」と考えてしまったら、開かれる道も開かれません。あまりいい未来は待っていないでしょう。

今できることを続ければ、必ず30代や40代以降の人生で大きなリターンになることを忘れないでほしいのです。

◇正しい「現在地」を知ることで、目標地への道筋が見えてくる

30代や40代で活躍するために、しっかりとした「基礎」を身につける。そのための20代であり、社会人になったあとの3年間が重要であるというのが本書のテーマです。


私はよく、車のナビゲーションシステムにたとえて話をします。

車のナビは、画面上で道案内をして、私たちを目的地まで連れていってくれます。でも、一つ大事なことがあります。

それは、目標地を正しく設定しても、現在地が間違っていたら永遠に到達できないということ。めちゃくちゃな経路を案内され、右往左往するばかりでしょう。

あなたが人生のキャリアを決めるときも同じです。たとえば「上司から期待される人材になる」「後輩から見本とされる人材になる」といった素晴らしい目的地を設定しても、現在地を見誤っていては、なかなか到達できないのです。


あなたは今、どういう場所にいるのでしょうか？

見定めるために大事なことは、「等身大の自分を」「客観的に見る」ということ。立派な

自分である必要はありません。今できていなくても決して恥ずかしいことではありません。ありのままの自分と、目指す自分。遠く隔たっていてもいいじゃないですか。その差が大きければ大きいほど、あなたの〝伸びしろ〟なのですから。

まずは現在地を正しく知る。その上で、一歩一歩踏み出してほしいと思います。

あなたの現在地を把握する助けになればと考え、本書のテーマに沿った本書オリジナル『「ほめられる社会人」チェックリスト』を用意しました。このチェックリストは「コンピテンシー評価」との考え方を併用して作りました。

コンピテンシー評価とは、仕事で優れた成果を上げる人に共通する行動特性をモデル化し、それを〝ものさし〟として評価する方法のこと。社員の能力や適性を客観的に評価しやすくする仕組みとして知られており、近年多くの企業で導入されています。

オリジナルコンピテンシー評価表は、若手社員の皆さんが使いやすいように、全ての項目を具体的な内容にしました。

評価は「1・2・4・5」というシンプルな4段階。迷わず評価できるように「1＝まったくできていない」「2＝できるときもある」「4＝ほぼできている」「5＝完璧にできている」としました。

「3」が入っていないのは、ちゃんと理由があります。真ん中の数字を作ると、どっちつかずの評価になってしまうため、敢えて入れませんでした。

たとえば月末など、定期的に自己評価してみてください。最初は記入するだけでOK。ですが少なくとも3カ月は続けてください。30項目の平均が4以上を目指し、自分が苦手な項目は自主改善していきましょう。

コンピテンシー評価表を使うことで、自分の現在地が分かります。すると、目的地との距離が分かりますから、無理なく頑張ることができるというわけです。ぜひ有効活用して、転職市場を勝ち抜ける人材になってください。

「後悔先に立たず」ということわざの通り、40代になって後悔しても残念ながら遅く、巻き返すのは大変です。もちろん20代に戻ってやり直すことはできません。

今のうちに正しい現在地を知り、目指すべき目的地を設定してください。そうすることで、最短かつ最良の道筋や順路が見えてきます。

明確な成果を出し、自身を確かな成長軌道に乗せていくための必須のツールとして、コンピテンシー評価表を活用してもらえることを願っています。

14	ほめられる社会人は「絵文字を使える相手・場面」を選ぶ	(ほめられない社会人は空気を読まずに絵文字を使う)	1 2 4 5
15	ほめられる社会人はリアルより「1・5倍の誠意」を示す(相槌、コメント、アウトプット)	(ほめられない社会人は「察してもらえる」と思い込む)	1 2 4 5
16	ほめられる社会人はTPOに合わせたファッションを纏う	(ほめられない社会人は、TPOを知らず、自分勝手な服装で違和感がある。)	1 2 4 5
17	ほめられる社会人はメモを取って「おかげ様」を記録する	(ほめられない社会人は「おかげ様」をすぐに忘れる)	1 2 4 5
18	ほめられる社会人は見えなくても「ムードメーカー」になろうとする	(ほめられない社会人は「見えないから愛嬌は不要」と考える)	1 2 4 5
19	ほめられる社会人は「出勤スタッフ」への気遣いを忘れない(自分が在宅時)	(ほめられない社会人は「出勤スタッフ」を留守番扱いする)	1 2 4 5
20	ほめられる社会人は「在宅スタッフ」のやりやすさを考慮する(自分が出勤時)	(ほめられない社会人は「在宅スタッフ」の不安や孤独を「見て見ぬ振り」)	1 2 4 5
21	ほめられる社会人は「アナログの方が生産性が高い場面」を知っている(上司を送る)	(ほめられない社会人は浅知恵で昭和のやり方を否定する)	1 2 4 5
22	ほめられる社会人は「リモート会議前のデバイスチェック」に気を抜かない	(ほめられない社会人はリモート会議で音声・カメラトラブルを起こす)	1 2 4 5
23	ほめられる社会人は「時間管理」を徹底する	(ほめられない社会人はだらだらと「作業・発言・会議」をおこなう)	1 2 4 5
24	ほめられる社会人は「タスクの見える化」で上司を安心させる	(ほめられない社会人は仕事を「ブラックボックス化」する)	1 2 4 5
25	ほめられる社会人は「即レス」するけど人には求めない	(ほめられない社会人は「遅レス」で「仕事が遅い認定」される)	1 2 4 5
26	ほめられる社会人は「画面共有で見やすいプレゼン資料」をつくる	(ほめられない社会人は「相手の画面サイズを考慮しない資料」をつくる)	1 2 4 5
27	ほめられる社会人は仮説を用意してお客にヒアリングする	(ほめられない社会人は現場に行かないとお客のニーズがわからない)	1 2 4 5
28	ほめられる社会人は自分から「スキマ時間」を申告し、仕事を任される	(ほめられない社会人は「受け身」で仕事をし、時間を持て余す)	1 2 4 5
29	ほめられる社会人は大勢のオンラインセミナーで積極的に質問する	(ほめられない社会人は「心ここにあらず」で「聞いているだけ」)	1 2 4 5
30	ほめられる社会人は読書など自己成長のための時間を確保する	(ほめられない社会人は「不勉強」で成長が止まる)	1 2 4 5
合計点数			

『ほめられる社会人』チェックリスト

記入者氏名（　　　　　　　　　　　　）記入日（　　　　　　　　）

採点基準
1＝まったく出来ていない　2＝できる時もある　4＝ほぼ出来ている　5＝完璧に出来ている

No.	ほめられる社会人の特徴	参考（ほめられない社会人の特性）	採点
1	ほめられる社会人は「調べてから質問」する（時短）	（ほめられない社会人は、「教えてもらっていません」と言う）	1 2 4 5
2	ほめられる社会人は「どうやったらできるか」を考える（離れていても任せられる存在）	（ほめられない社会人は「できない理由」ばかり考える）	1 2 4 5
3	ほめられる社会人は「代替案」を出す（対人満足度）	（ほめられない社会人はイエスかノーしか言わない）	1 2 4 5
4	ほめられる社会人は教えて貰うために「事前奉仕」をする	（ほめられない社会人は、教えてもらって当たり前と思う）	1 2 4 5
5	ほめられる社会人は「先日はありがとうございました」から会話を始める	（ほめられない社会人は、用件だけ伝える）	1 2 4 5
6	ほめられる社会人はリフレッシュをこまめにする（セルフモチベーション維持）	（ほめられない社会人はやる気を維持できない）	1 2 4 5
7	ほめられる社会人は優先順位をつけて「一人ブラック」にならない（セルフ人材管理）	（ほめられない社会人は自ら仕事をブラック化する）	1 2 4 5
8	ほめられる社会人は“分相応に断る”	（ほめられない新人は、出来ないことまで引き受けて、キャパオーバーになってしまう。）	1 2 4 5
9	ほめられる社会人は“新人同士”で磨き合う	（ほめられない社会人は、同士意識がなく、孤立してしまう。）	1 2 4 5
10	ほめられる社会人は「IT が苦手な世代」に親切（逆多様性への順応）	（ほめられない社会人は「相手の立場に立てない」が仇となる）	1 2 4 5
11	ほめられる社会人は「天敵をうまくかわす＋天敵を味方につける」	（ほめられない社会人は天敵のせいで会社を休む）	1 2 4 5
12	ほめられる社会人は「リモートでもチームで働いている自覚」がある	（ほめられない社会人は在宅勤務時に「一人の時間」と勘違いする）	1 2 4 5
13	ほめられる社会人は「こまめに、簡潔に」報連相をおこなう	（ほめられない社会人は「一度に長文で報連相」をおこなう）	1 2 4 5

第3章
先輩・上司にほめられる新人は「先回り力」が違う

◇ほめられる新人は「調べてから質問」する
(ほめられない新人は「教えてもらっていません」と言う)

ここまでは、上司や先輩からほめられるにはどうすればいいか、若手社員の思考術や基本行動についてお話ししてきました。実はこれら全てに共通する心がけがあります。

それは〝先回り力〟。先のことを思い描き、誰かからの指示がなくても、より良い対応をするための行動をする。その先回り力が欠かせないのです。

質問する、挨拶する、時間を守る…… これらは基本中の基本。当たり前のことを当たり前に実行するだけでは、ほめられ力にはつながりません。

ですが相手の予想を上回る行動をすると、人の心は動きます。そして、予想とのギャップが大きくなると〝感動〟が生まれます。それが「ほめられる」につながるのです。

先回り力をつけるためには、「この先どうなるだろう?」「相手は何を考えているだろう?」とアンテナを張り、いろいろな視点で物事を見る必要があります。そして、「自分から動く」という行動力も必要です。

この「先回り力」を、入社して3年間のうちに身につけましょう。きっと周りから「気が利く」「細かい配慮ができる」と評価されるはず。

そして30代、40代になったときには、先回り力が身体に染みついて、どんな人に対しても自然にできるようになっています。

この〝自然に〟というのがとても大切です。若いうちに自然と先回りできる力をつけることができたら、あなたにとってかけがえのない力となってくれるでしょう。


この話をするのは、先回り力がないために、損をしている若手社員をたくさん見かけるため。たとえば、よく見かけるのがこんなシーンです。

入社して数カ月経ったAさんを見て、上司がこんな質問をします。

「どうして○○ができていないの？」

それを聞いたAさんは、こう答えます。

「だって、教えてもらっていませんから」

開き直るAさん。たしかに間違ったことは言っていません。でも「○○」というのが、自分が少し調べれば分かることだとすれば問題です。

会社に入って給料をもらっている以上、もう〝お客さん〟ではありません。

分からなくて業務が進まない、だから放置しておく。そうなれば注意されるのは目に見えていますし、職務怠慢と言われてもおかしくありません。

先回り力があれば、自分で調べたり先輩に聞いたり、なんらかの行動を起こすはず。たとえば、「今度訪問する会社の社長は何代目？」「資本金はいくら？」「従業員は何人？」「そもそも事業やサービスは何をやっている？」――そこで「私、ちょっと教えてもらっていないので……」という反応では、社会人として不合格なのです。

上司が新人に投げかける質問には、「試している」という要素が含まれています。先回りして調べているか、自主的に準備する意識があるかを、上司は試しているのです。

調べたことの内容の質は、それほど問題ではありません。

「内容は不十分かもしれませんが、自分なりに調べてきたので見てもらえますか？」でOK。答えを上司や先輩任せにしない。まずは先に自分が動いてみる。その姿勢のあり・なしが、与える印象を大きく左右します。

インターネットが発達して、便利な世の中になりました。知りたい情報があれば、ほとんどネット上で得られます。生成AIも登場して、まさに知識の宝庫ですね。

誰でも得られる情報だからこそ、活かせるかどうかは意識次第。せっかくのツールを無駄にすれば、決定的な差がついてしまいます。

上司に教えてもらうなら、あくまでも自分で調べた上で分からないことを、「教えてください」なのです。

たとえば、チャットGPTを使って企画を進めるというミッションがあるとしましょう。「チャットGPTって何ですか？」「何ができるんですか？」とゼロから聞いてしまう人。おそらく「少しは自分で調べたらどうだ？」と言われることでしょう。

その一方で、機能を自分なりに調べ、実際に自ら使ってみた上で、疑問点を質問する人は、上司の印象も対応も違います。

「実際に使ってみたんです。すると質問をちょっと変えるだけで答えも変わり、驚きました。でも、なぜこんなに違いが生じるのでしょうか？」

「早速使ってみたのか、さすがフットワークが軽いな。私も勉強中だから、課内で勉強会をしてみるのも良さそうだ。いいきっかけをありがとう。早速企画してくれるかな？」

といったように、上司からのほめられ行動につながり、信頼を得ることもできます。

最新アプリやデバイス、新しいSNSなども、まずは自分で触ってみなければ分からないし、理解もできないでしょう。それを気軽にできる、抵抗なく興味をもってできるのが20代の皆さんだと思います。

だからこそこうした分野では、ぜひ若い皆さんの先回り力をどんどん活かしてほしいし、できると思っています。

というのも、上司やベテランの先輩たちはアナログ世代だから。若い皆さんであれば最新ITに強く、きっと精通しているはずと、アテにしているはずです。

「このデジタルツールをうまく使うコツって何だろうか?」――上司たちは、若いというだけで詳しい知識を持っていると位置づけ、20代のあなたに質問を投げかけてきます。

そのとき、「いや、僕ちょっとITのこと、よく知らなくて……」では周囲はガッカリするかもしれません。

自分たちが苦手なデジタルの話も、今の若者ならきっと知っているはず。そうした要素については先回りしてとことん把握しておく。それが自分自身のブランドを作るチャンスでもあります。

「あいつすごいな、じゃあ頼んでみようかな」

あなたならではの信頼を勝ち取れるチャンスであることをぜひ認識してください。

◇ほめられる新人は、教えて貰うために「自利利他」を考える（ほめられない新人は「教えてもらって当たり前」と思う）

教えてもらうためには、「まずは自分で調べてみる姿勢が大事」という話をしました。もう一つ意識してほしいのが「自利利他」（じりりた）です。

「自利利他」とは仏教用語で、「悟りのために修行して得た功徳を、自分のためだけではなく、他の人にも生かすこと」を意味します。

まずは、相手が困っていることや希望していることは何かを察知して、それを満たす行動をする習慣を身につけることが大切です。人間関係も、商売も〝相手〟が最初なのです。

教えてもらう場面に置き換えると、「○○してもらって当たり前」という受け身のマインドではダメだということ。教えてもらいたいなら、まずは自分が人のために動くことが大事なのです。

上司も人間です。「教えてもらって当たり前」というスタンスで近寄ってくる新人には、「聞かれた以上のことは教えない」という対応をするかもしれません。

結果、誰がいちばん困るでしょうか。言うまでもなく、成長するための糧を十分にもらえない、その新人自身なのです。

私は若い頃、ラーメン屋でアルバイトをしていました。先輩たちが来る1時間前に店に行き、店内の掃除はもちろんしましたし、厨房の鍋やズンドウを徹底的に磨いたものです。

そして先輩が店にやってきた後、「5分間だけ時間をください。教えてほしいことがあります」と頭を下げていました。

先輩も、そうした私の〝事前奉仕〟を見て、「分かった。これから手本を見せるから、ちょっと見ていなさい」と言ってくれました。そして、私が求める以上のノウハウを授けてくれたものです。

飲食店などのいわば〝職人〟の世界でのこうした例は極端だとしても、「新人だから教えてもらって当たり前」という認識で仕事をしていると、得られる教えが限られます。

逆に「教えてもらう」ことに謙虚な人は、上司や先輩が培ってきたノウハウやスキルを尊重する気持ちを持っています。

だから、「まずは、自分が教えてもらうことに見合う何かを提供しなければいけない」という、先回りの思いと行動につながるのです。

それが、教えてもらうための〝事前奉仕〟であり、「自利利他」の精神です。

なにも派手な行いや振る舞いでアピールする必要はありません。

普段からのちょっとした気遣いで、上司や先輩をいたわるような気持ちがあればＯＫ。それが積み重なることで〝信頼貯金〟が増え、上司や先輩に「教えてあげたい」「育ててやりたい」というスタンスが芽生えていきます。

身近な例でいえば、職場の複製コピー機の使い方を教えてもらいたいなら、教えてくれる人の仕事を30分間手伝うのです。

会社に入って3年間は、仕事を覚えていく過程です。「教えてもらうのが当たり前」というマインドに終始するのと、「教えてもらうための事前奉仕」までを考えて接するのとでは、あなたの将来に決定的な差をもたらします。

教えを得るために、まずは相手に尽くすという「自利利他」の考え方を大事にできる人は、やはり「ほめられる人材」なのです。

◇ほめられる新人は「どうやったらできるか」を考える（ほめられない新人は「できない理由」ばかりを考える）

仕事は総じて、チャレンジやトライの連続です。

「○○をやってごらん」と課題を出されたり、「○○を担当してくれないか」と新たな依頼をされたりしたとき、経験が少なければ少ないほど、プレッシャーも大きくなるでしょう。

入社したてであれば、仮に失敗しても上司が責任を取ってくれます。過度な不安や心配を抱える必要はありません。

けれども一定の経験を積み、ある程度の成果を出さなければならなくなる2年目や3年目以降になると、その重圧も次第にリアルなものになっていきます。

そのとき、難易度の高い仕事を打診された社員の思考は、主に次の2つに分かれます。

「自分には無理だ」と判断してしまう〝思考停止型〟と、「どうしたらできるだろう？」と可能性を探る〝思考工夫型〟です。

前者の「思考停止型」の場合、つい〝できない理由〟を並べがちです。

根本に「やらないほうが楽」「無理だとあきらめるほうが無難」という思いがありますから、その方向へ状況をもっていけるよう熱弁をふるいます。往々にして声の大きな人が少なくないし、弁が立つタイプも多いでしょう。

ただ、それでは成長もしませんし、時代にもついていけなくなります。

皆さんが選ぶべきは、後者の「思考工夫型」。最初から無理と決めつけず、「どうやったら実現できるのか？」を考えることが大事です。

なにも１００％の言い切りで「やれます！」「頑張ります！」という必要はありません。20％程度はできない可能性があること、そのリスクの中身を丁寧に説明しておくことが大事でしょう。

私が以前、食品メーカーの営業担当として働いていたときの話です。私は、とある一部上場の大手食品会社から新規契約をとろうとしていました。

ところが上司は、「3年前もチャレンジしたけど無理だった。そもそも、こんな大きな会社の新規契約なんて難しいに決まっているだろ」と言うのです。

私が、「3年前が無理だったから今も無理とのことですが、その理由はなんでしょうか？」

と聞いたところ、「無理なものは無理。だから、やめておけ」と、頭から可能性ゼロと決めつけた返事です。

結局私はその会社に飛び込み営業をしかけ、新規契約に至りました。上司からは「よく飛び込んだな……」と、半ばあきれられたのを覚えています。

私は「3年も経っているなら、担当者も方針も変わっているかもしれない。どこかに突破口があるはず」と考えました。そして実際に、組織体制が変わっていたこともあって、受注することができたのです。


どんなに難しそうに見えても、きっと何らかの突破口はあるはずです。

マイナスの先入観を持つのではなく、「どうしたら可能になるのか」を常に考えることが大切。できない理由を探すのではなく、どうやったら実現できるかを探していく〝先回り発想〟でなければ、成長はないのです。

とはいっても、「どうすれば可能か」を考えるのは、確かに簡単なことではありません。単に「頑張ろう！」という掛け声ばかり、そして「なんとかなる」という精神論だけでは、なかなか前に進めません。

たとえばあなたが営業担当であれば、相手企業の抱える課題をインターネットやＳＮＳなどの調査から想定しましょう。
「口コミの数が少なく質も低いから、顧客満足度を上げる方法を探っていそうだ」
「ＳＮＳでの発信が最近できていないから、バックオフィスの人員が足りないのかも」
といった課題が見えてくるはずです。

課題を見つけたら改善策を用意して、先方企業にアプローチします。

どうすれば担当窓口や決定権者とアポイントがとれるのか、可能性を見つけましょう。つてを使って紹介してもらう、手紙を書く、ＬＰ（ランディングページ）を作ってＳＮＳで告知する、チラシやＤＭ送付など、さまざまな方法が考えられます。どうすればアプローチできるのか、戦略を立てるのです。

とにかく、「できない理由」ばかりを考えていても何も生まれませんし、前には進みません。「どうやったらできるか」を軸に思考を促し、前向きな自分でいるようにしましょう。

◎ほめられる新人は「まず実行する」ことを優先する（ほめられない新人は「やらずに疑問ばかり」を口にする）

ほめられる新人になるためには、どんなときも「まず実行する」ことを考える必要があります。

たとえば、上司から課題が出たり何らかの指示を受けたりしたとき。指示というよりも、命令という強い調子の場合もあるでしょう。組織において〝上意下達〟はある意味で基本です。特に新人の間は「まず実行する」ことが大原則と思ってください。

上司からの指示に対して、新人のルールにしたら良いと思う「取るべき対応」は3つあると考えています。それが、「YES」「NO&代案を出す」「黙って行う」の3通りです。

「YES」は言われたことを受け止め、実行するパターンです。「明日の会議までに、この書類を人数分用意しておいてくれるかな?」「承知いたしました。では今晩のうちに○部用意して、会議時に持って行きます」といったケースです。

次の「NO&代案を出す」は、「こちらのほうがいいんじゃないですか?」という代案を示しながら実行するパターンです。先ほどの会議資料の例でいえば、「コピーせずに、パソコン画面に映した方が良いのではないでしょうか？」といった代案を示すイメージです。

そして最後の「黙って行う」は、納得するか否かにかかわらず、とにかく実行するというパターンです。資料の準備を頼まれたら「承知いたしました！」と返事して、早速コピーを始めるイメージです。

要は、納得した上で素直に従うのが「YES」であり、否定しつつ代案を提示して行うのが「NO＆代案を出す」、そして自分の意見を差し挟まず、言われたままに行動するのが「黙って行う」というわけです。

このように3つのパターンに分かれるものの、共通して大事なのはいずれも「実行する」ということ。とにかく新人のうちは、上司の指示に対して「実際に行動に移すこと」を重視してほしいのです。

入社して3年目までは、行動して経験する量を絶対的に増やしていく必要があります。

もしかすると上司からの指示や提案に対して、「これって費用対効果はどうなんですか？」「実際、どのような効果があるのですか」といったように、行動の意味を問いただしたくなることもあるかもしれません。

でも実行する前に、どれだけのことが分かるでしょうか？　実行を伴わない疑問は、最初から挑戦することを放棄しています。

少し厳しいことを言えば、費用対効果ということで言えば、新人自身が見合っていないのです。どうなるか分からないことを、あれこれ心配しても心配ありません。とにかく、まずは実行しなければ何も分からないことを、肝に銘じておいてください。

◎ほめられる新人は、上手な報連相で「ひとりブラック」にならない（ほめられない新人は自ら仕事を「ブラック化」してしまう）

ほめられる新人になるためには「上手な報連相」も大切です。

新人のうちは知識も経験もさほど多くはありません。新しい仕事を頼まれても全体像をつかむのは困難です。完了までにかかる時間も、見当がつかないのではないでしょうか。

避けたいのが、自分一人で抱え込んでしまうパターンです。

分からないままやみくもに仕事を進めようとすれば、時間が過ぎていくばかり。しんどい、辛い、孤独……〝ひとりブラック〟状態に陥りかねません。だからこそ「上手な報連相」を駆使してほしいのです。

「今この仕事をしていて課題をまとめました。認識に間違いないか確認していただきたいです」

「複数の仕事が重なっています。スケジュール管理表をつくって予定通りに進めていますが、これで大丈夫でしょうか？」

といったように、周りを上手に巻き込みましょう。

「アドバイスをいただけませんか？」という言い方で、周りにも協力してもらうのです。

自分一人では思いも寄らなかったアイデアを授けてもらえるかもしれません。

過剰な仕事を抱えてしまっている場合も、「上手な報連相」を行うことで、あなたが直面している現実に気づいてもらうきっかけになります。

「これを一人でやっているの？　それは物理的に無理だな……　すまなかった。この件は他の人に振ることにするよ」という具合です。

上司から頼まれた仕事が、自分には荷が重いこともあるでしょう。ですが断ることができず、「できます！　頑張ります！」と引き受ける人もいるのではないでしょうか。責任感のある人ほど、そうした傾向があります。

意気込みは大切ですが、仕事を抱え込んだまま消化できず、後戻りができなくなっては大変です。

〝ひとりブラック〟になってしまうと周りも気づけません。結局は後になってから、後始末やフォローに周囲が右往左往してしまうことにもなるのです。

繰り返しますが、「やってみよう」という気持ちは大事にしてほしいと思っています。ですが自分を追い込むことになったり、結果として周りに迷惑をかけたりといった事態は、避けなくてはいけません。

そうした事態を防ぐのが「上手な報連相」。仕事の中身を共有していれば、問題が生じることはないからです。

自分は今何をしているのかを、こまめに「報告・連絡」しましょう。そして特に「相談」を前面に出しながら、直面している現実を共有し、アドバイスをもらうことが大切です。

ちなみに仕事を効率よく確実に進めるためには、仕事の全体像が分かる〝工程表〟を作成することをおすすめします。最終納期から逆算して毎日どのくらいのペースで仕事を進めればよいか。そのプロセスを、与えられた期間の中に落とし込むのです。

新人に限りませんが、ビジネスパーソンがよく口にする言葉に「忙しい」がありますね。何かにつけて「忙しくて」「バタバタしていて」を言い訳にする人は少なくないでしょう。でもこれらの言葉は、「自分は仕事ができない」と言っているのと同じこと。なぜなら、タスクマネジメントができてない証拠だからです。

「忙しい」という言葉を発しなくても済むように、自分の仕事を組み立てる。それが、工程表をつくることによる時間管理なのです。

◇ほめられる新人は「分相応に断る」
(ほめられない新人は「分不相応な仕事」を抱え込む)

これまで、「新人はとにかく実行すべし」と大量行動の必要性を説いてきました。

ですが中には、「そんなこと言ったって、できそうにないことだってあるでしょう」「無理に引き受けるから、〝ひとりブラック〟になってしまうんじゃないの?」と考える人もいると思います。確かに、ある意味そうかもしれません。

ここでは、先に挙げた新人の対応ルールとは異なる、単に「NO」という意志表示をすべきリアクションの場合について見ていきます。

上司の指示や依頼に対して「まずはやってみる」ことは重要ですが、新人であっても「NO」を言うべき状況に直面することはあります。

たとえば、仕事が明らかにキャパオーバーと感じる場合は、指示に対して「できない」という意思表示を行うべきでしょう。

ただ、その際のNOの言い方には工夫が必要です。先述したように、単に「無理です」

と伝えるだけでは信頼は得られません。

上手にＮＯを伝える方法とは何か。ひと言で説明すると、先回りの思考を働かせることで、「分相応に断る」というものです。

「この資料、あさってまでに整理してくれないかな？」という指示をする上司に対して、「え、そんな急に……　今、３つの頼まれ仕事を抱えているんだよな。ちょっと厳しいぞ」と思ったとき。たとえば、こんなふうに言ってみましょう。

「やりたいのですけど、僕でも大丈夫でしょうか？」
「今のこの仕事が終わった後で、ぜひやりたいです」

このように、「本当はぜひやりたい」というスタンスを明確にしつつ、「ＮＯ」を伝えるのです。

上司の指示を実直にこなせば、ほめられ貯金をつくるチャンスです。

けれども、今この状態で受けてしまうと、後でキャパオーバーのひどいしっぺ返しをくらいそう……　そんな危機アンテナが反応するときは、新人のあなたにとって〝分相応〟な仕事ではありません。

分不相応な仕事を「分かりました！」と受けてしまうと、実行できない可能性だってあります。すると上司もほめるどころか逆に、「他にたくさん仕事を抱えているなら、なんで頼んだときに断ってくれなかったんだ？ 今さら投げ出されては混乱するよ」と困ってしまいます。

分不相応な仕事を受けてしまったあなたは、仕事にも苦しめられ、おまけに上司からも信頼されず、評価はガタ落ちというマイナス一辺倒の状況に陥ってしまいます。

与えられた仕事や指示の中身が、分相応かどうか。その見極めが自分を守ることはもちろん、結果的に上司を守ることにもつながります。だから「分相応」は大事な考え方です。

判断できる人間は、やがては仕事が回ってくる状態になります。

「NO」と伝えることは、上司の期待を裏切ることと感じるかもしれません。でも断ることが、後になって信頼という成果となって返ってくることもあるのです。

「損して得取れ」の精神で、先回りして成果の種まきをしましょう。

ちなみに、「分相応」かどうかを見極める定義は何でしょうか。

私は、指示された仕事の成功確率が65％以下のときは、「分不相応」だと考えて「NOというべき」だと考えています。

経営の神様と言われた松下幸之助さんの言葉にありますが、「65点でできると思ったら任せなさい」――これをあなた自身も指針にすれば良いでしょう。

ただ、そのとき周りに相談できる先輩や同僚などがいれば、あなた自身の能力点数よりもプラスアルファが期待できるでしょうし、ノウハウや人脈、予算や与えられた時間、経験値などを総合的に考えて、平均点として65点に足りているか否かを判断の基準にします。

まず目指すべきは65点。言い換えれば１００点を求める必要はありません。

新人社員にとっての合格点は、「35点分のマイナスが生じても○Ｋ」と理解しておくのも必要なことなのです。

◇ほめられる新人は「天敵をかわして味方につける」（ほめられない新人は「天敵のせいで会社を休む」）

学校生活を振り返ってみてください。誰だって一人や二人は、苦手な人が存在したと思います。それは社会に出ても同じで、職場にも必ず合わない人がいます。

ましてや会社の中心にいるのは、40代後半から50代、さらには60代。ほめられずに育ってきた昭和の体育会系も多く、平成世代が何か意見しようものなら、ガツンと出鼻をくじかれることもあるかもしれません。

「そんな人のいない職場に行きたい」「天敵の存在から逃れる方法はないの？」

悲しいかな、天敵の存在をなくすことはできません。ですが天敵をかわして、うまくいなす方法はあります。

その際にカギになるのが、「視点移動」のコミュニケーション術です。

視点移動とは、相手の行動や発言を、その人の立場や目線に立って考える方法です。

「そんなの無理」「イヤな上司が何を考えているなんて、分かるわけがないでしょう」

いいえ、必ずできます。あなた自身が上司の立場に視点を移動し、あなたの「創作」によって、上司の思いや考えを理解していけばいいのです。

あなたに対してダメ出しを繰り返す上司がいるとしましょう。

言い方が嫌味だと腹も立つし、「もっと他の言い方はないの？」と思ってしまうかもしれません。

ですが感情に惑わされず、視点を上司側に移し、なぜそうした指摘をするのかを考えてみてください。すると見え方や感じ方が変わるはずです。

「言い方は腹が立つけれども、中には的を射た指摘もあるな」

「期待しているからこそ、細かい指摘もしてくれているんだ」

このように話の内容に焦点を当て、自分の都合の良いように解釈してしまうのです。それが天敵をかわし、いなしていく術へとつながります。

嫌味や攻撃的な言葉を言われても、正面から向き合わずに、視点移動でかわしていく。肯定しているように見せつつ、視点をずらすという感覚です。

さらに、「自分のことを思って言ってくれている」という感謝に変えることができれば、天敵はやがて自分の味方になっていく可能性だってあります。

私が以前、アメリカで「ほめ育」の講演をしたとき。話の最後に、「アメリカで〝ほめ育〟を広めていきたいのです」と話をしたら、ある米国人の男性がこんなことを言いました。

「日本とアメリカでは文化が違いますから、きっとアメリカではうまくいかないと思いますよ」

私にとっての天敵のような意見で、反発したい気持ちは山々でしたが、私は彼にこう言いました。

「確かにアメリカではまだ浸透していないけれど、僕は世界にこれを広めていきたいと本気で思っています。そのためにも、あなたのように率直な意見を言ってくれる人は大歓迎です。これからもそうした意見を聞かせてほしい」

彼は神妙な顔をして聞いていました。そして彼は天敵ではなく、私にとって大事なパートナーになりました。

彼は今では「ほめ育」講座のアメリカ代表になり、現地で活躍してくれています。

彼の言葉だけで判断すれば、けなしているように思えるかもしれません。

でも一見否定するような言葉の裏には、実は「関心」があります。気になるからこそ、本当に気になることをズバズバと言えるのです。

ちなみに無関心だとどうしようもありません。でも接点をもってくる天敵は、無関心ではないのだから望みがあります。だから視点移動をして、相手のマイナス面をプラス要素に置き換えて、今度は自分から発信するわけです。

もう一つ、天敵がもたらしてくれる意外な成長要素があることを、ここで付け加えておきます。

私は昔、コンサルタントとして支援していたある企業のミーティングで、天敵ともいえるようなある役員から、こんな質問をされたことがあります。

「原くん、キミはコンサルタントとして当社の業績を上げることが本当にできるのかい？」

多くの社員が集まる目の前で、なんと超ストレートの質問をするんだろう、嫌なことを平気で口にする人だな……　と腹が立ちました。

でも私は、役員の言葉を「きっと自分への期待の裏返し」だと視点移動し、自ら励みにしながらコンサルタントとしてベストを尽くしました。その結果、業績を上げることに成功し、同時に自分にとっての大きな自信にもつながったのです。

このときの役員から、後になって言われました。

「あのときは、そう言った後のキミの表情を見たかった。でもキミは、まったく表情を変えなかったね。やれる自信があると分かって、それならキミに任せようと決めたんだよ」。
正直、当時は相手の言葉に動揺しましたし、きっと表情は変わったと思います。でも私はこのときのやり取りを、10年が経った今も覚えているのです。

天敵の存在が自分に与えるマイナスの感情。実は、感情が激しく波打った事柄ほど人の記憶に強く刻まれ、その後も簡単に忘れることはできません。

ものすごく腹が立った、悔しかった…… そういう感情を持てるのは大事なことで、その記憶が成長の糧につながるチャンスになることがあります。
「もっと言い方はないのかな」と思うような言葉も、内容だけにフォーカスして、自分の成長要素に変えていけば良いのです。

まったく琴線にふれないような差し障りのないアドバイスよりも、きつい言葉や指摘のほうが、成長エンジンのガソリンになることもあるのです。

◇ほめられる新人は「新人同士で磨き合う」
（ほめられない新人は「仲間内で傷をなめ合う」）

新人たちの「天敵」のいる職場では、プレッシャーを分かち合い、励まし合える仲間の存在は重要です。

傷のなめ合いではなく、励まし合う。

それができる大事な存在が、同期入社の面々でしょう。そうした仲間とぜひ磨き合ってほしいのです。


会社内の人間関係は、目的の共有が大事です。同期社員も単なる仲良しではなく、何か目標をクリアするための過程の中で仲良くなるのが理想です。

というのも、ただ仲良くなることが目的になると、会社にとっては必ずしもプラスとはいえないから。

会社が用意した目的の共有でなく、自分たちが用意した目的の共有化になってしまうとダメ。そんなふうに勘違いすると、上司にほめられることもないのです。

会社やチームの目的に向かう一歩をお互いに進んでいくために、とことん仲良くするし、時には本気で競い合う。そういうチームや組織になれば、自分にとっても成長できる環境といえます。

「今日、同期が上司に怒られて沈んでいるから、ちょっと飲みにいこうや」と誰かが声をかけ、同期のメンタルを先回りしてフォローします。

そのときの話題は、

「もっとこうすればいいんじゃないか?」

「もう一度、みんなで頑張らないか?」

「よし! 明日は1時間前に行ってみんなでプレゼンの準備をしよう」といった、前向きなものだといいですね。

逆に、傷のなめ合いや慰め合いで終わり、翌日は時間ギリギリに出社して覇気もない……そんな飲み会ならなんの意味もありません。

はっきり言って単なる時間の浪費です。そんな飲み会、参加するだけお金の無駄遣いでしょう。

私も若いときに勤めた会社で、2年目のときに1歳下の後輩たちが、リーダー格の社員の影響で「傷のなめ合い集団」になり、次第に覇気を失っていく光景に直面したことがありました。

飲みに行っても愚痴や上司の悪口ばかり。途中で「こんなん、みんなで飲んでいても意味ないわ！」と帰ったこともありました。

私は後日、職場で切磋琢磨することの意味や定義を一から説明。1年目の同期グループを「慰め合い集団」「傷のなめ合い集団」から「目的に向かって競い合う集団」へと変貌させました。

プロ野球の世界にも、「松坂世代」「ハンカチ世代」など、ライバル同士で切磋琢磨した同期グループがありますね。やっぱり同年代は意識するし、自然と負けたくないという気持ちになるものですから。

仕事では、ファイティングポーズをとっていくマインドはマストです。そして、3年目までにそうしたマインドを培っておかなければ、知らず知らずのうちに自身にマイナスのキャラクターがついてしまいます。

「あいつは言っても響かない」「のれんに腕押しの新人だ」――そんなカラーが定着してしまうのが、入社以後の3年間。そんな自分になってはダメで、だからこそ最初の3年間はすごく大事です。

パフォーマンスやポーズだけでもいいのです。ときには違う自分を演じて、あえて自分を創ることだって必要だと思いましょう。

◎ほめられる新人は「思う存分リフレッシュ」を楽しむ（ほめられない新人は「気分転換できずに」1人で悩む）

ほめられる新人は、ただ頑張るだけではありません。息抜きも上手です。リフレッシュすることで、仕事に対するモチベーションを高めることができます。ある意味でリフレッシュは、仕事の成果をもたらすための大事な「先回り」要素といえるのかもしれません。

上手にリフレッシュできれば、いつでも朗らかでいられます。職場を照らすような明るい存在でいることは、上司に好かれる大事な要素でもあります。

ですが、どのようにガス抜きすればいいのか分からない、自分のストレス耐性はどれぐらいなのか把握できていない、そんな人も多いのではないでしょうか。

でも、周囲に遠慮することなく、思いきり自分を出せる時間は、オフの時間くらいしかありません。ですからオフタイムには、思う存分自分を解放しましょう。

仕事を完全に忘れ、いわゆる〝ゾーン〟に入るような徹底した気晴らしを楽しんでほしいのです。

日曜の朝から夕方までは、完全に仕事から離れることをおすすめします。仕事という日常から、自分を引き剥がす感覚です。

集中して没頭できる趣味をつくり、そこに自分を没入させる。その体験が、翌週に出力を最大化させていくためのエネルギーを生み出してくれます。

ちなみに私の場合は、休日はトライアスロンに没頭しています。

5時間ぐらいはスマートフォンから離れ、仕事を忘れて自転車と水泳、ランニングに集中するのです。

自分を仕事から完全に引き剥がせるボタンは、誰にでも絶対にあるはずです。社会に出た後、いち早くそのボタンを見つけ、セルフメンテナンスすることも、ビジネスマンとして重要なスキルだと思っています。

皆さん世代と話していると、「本当は休みたいけれど、土日も周囲からの〝同調圧力〟によって、仕事せざるを得ないときがある」という話を聞くことがあります。

入社3年目までは「大量行動」すべき。ですがルールを無視した時間外労働は別問題。まずはしっかりと「NO」と意思表示すべきで、悶々と悩む必要はありません。

先日も、ブラックな会社に入ってしまった新人から話を聞く機会がありました。彼は残業の連続で過重労働を強いられています。それなのに「私は修業が足りないのだろうか？」と悩んでいるというのです。

彼は土日もずっと自宅でメール対応をして、気持ちの休まる日がありません。「会社に言いたいのですが、私が未熟なのか、会社の仕組みが間違いなのかが分からなくて」と苦悩していました。

間違っていると思えば、ハッキリと上司にモノ申していいのです。一方で、仕事をすべき「オン」の時間は大量行動を惜しまず、あらゆることを吸収しましょう。

こうしたキャラクター作りを最初の3年間で行うと、組織の人間としても、ビジネスパーソンとしても「その後」が楽になっていきます。

〝あいつはこういう人間だ〟と周囲から認められたら、その後のあらゆる行為が好転していくのです。

まずは「先回り」のマインドを大切にしながら、入社後の３年間をあなたにとっての意義ある期間にしてください。

第4章 離れた上司・先輩に好かれる「神コミュニケーション」

◎リモート時代のコミュニケーションの本質を知ろう

どんな時代であっても、「上司の仕事をしやすくする部下」が高い評価を得ることに変わりはありません。上司には、組織全体の目的のためにチームを率いて、管理する責任があります。その上司のサポートができるということは、組織に直接貢献しているのと同じことなのです。

そうした真理は変わりませんが、組織を取り巻く環境は大きく変わりました。ターニングポイントになったのが2020年。新型コロナウイルス感染症流行をきっかけにした、リモートワーク導入でしょう。

「コロナ禍がある程度収束した今、ある程度は出社する勤務スタイルに戻りつつあります。ですが、サテライトオフィス勤務やサードプレイスの確保、ワーケーションなど、時間や場所にとらわれない多様な働き方が当たり前になりました。

働く場所が離れるということは、目が届きにくいということ。上司にとっては「いかに部下を管理するか」が難しくなりましたし、部下にとっては「いかに上司の仕事をしやすくするか」が難しい時代になったわけです。

ところで、豊臣秀吉は、低い身分から「天下人」になるまで大出世した人物として有名です。

大躍進を可能にした要因の一つとして挙げられるのが、〝人たらし〟と称されるほどコミュニケーションの達人だったこと。そして何より、主君・織田信長の役に立とうと必死に働いたことが、出世への道を開いたといえるでしょう。

もしも豊臣秀吉が今生きていたら、どのように上司に貢献したでしょうか？

あらゆる知恵と工夫を凝らし、ますます評価を上げたと私は思います。なぜなら、リモートやリアルといった環境の違いはあっても、職場での人間関係を良好にしていくためのカギは同じだから。〝相手目線でのコミュニケーション〟が大切であることは変わらないのです。

企業において、人と人との接点が少なくなりがちな昨今。だからこそ、いっそう正確で丁寧なコミュニケーションが求められます。

顔と顔を突き合わせていれば、上司の様子がよく分かります。「自分は上司のやってほしいことを手伝えているだろうか？」ということも、上司の表情や態度、その場の空気ですぐ察することができるでしょう。

ところが、リモート環境ではなかなかそうはいきません。上司はどんな表情をしているのか？　上司は自分をどう見ているのか？　目の前に相手がいない環境では、その手応えはつかみにくいものです。

相手の顔が見えない、何を考えているか分かりにくい……　そういう働き方だからこそ、いっそう大切になってくるのが、これまで繰り返してきた「質よりも量」です。

新人にとって重要な「報連相」、特に〝量〟が求められるのは「報告」です。ここでもう少し補足しておきたいと思います。

私が秘書とリアルに会うのは、1年のうち2時間ほど。普段はもっぱらメールでコミュニケーションをとり、必要が生じたときのみオンラインミーティングを行います。

「それでうまくいくの？」と思うかもしれません。大丈夫です。私は秘書に対して、「あらゆる業務を怠りなく進めてくれている」という安心感があるのです。

その理由は〝報告の量〟にあります。日々の仕事がどう進みどうなったのか、今後の予定は何か、得られた成果や課題は何か？　彼女はそうしたことを全て、正確かつ丁寧に報告してくれるのです。

彼女は新卒で入社したのですが、特に入社後半年間の報告はすごい量でした。報告事項を「まとめる」ことはせず、１日の中で起こった出来事を1から10までズラリと並べて報告します。

クライアントが話した会話の中身や、自分がその日失敗したことやうまくいったことなど、包み隠さず全て話します。

最初は「そんなことまで報告しなくても」と思ったものですが、やがて彼女の細かい報告を楽しみにするようになっている自分に気づきました。

まさに、予想を超える報告の量――。それらが積み重なるにつれて、私は秘書として彼女に厚い信頼を寄せるようになったのです。

上司が部下の成功を期待するのは当然のこと。「成功した」という報告をすれば、心から喜んでくれるでしょう。

でも、失敗したことを素直に報告すれば好印象を抱き、高い評価につながることも少なくありません。

「自分に隠し事をせず、何でも報告してくれる」という安心感は、信頼感へと形を変えます。つまり〝ありのままの報告〟は、信頼を得るための最大の武器になるということです。

ただしこれは、あくまで入社3年目までの特権。今のうちにその特権を活かし、失敗を報告しましょう。素直に報告すればいいだけですから、難しいことでも何でもありませんね。

上司にとって、部下の様子が見えづらいリモートワーク環境。疑心暗鬼になることもあるでしょう。

だからこそ「この社員はしっかりと報告してくれる」という印象を持ってもらうことができたら、人間関係がぎくしゃくすることなく、良い上司と部下の関係を結ぶことができます。

3年目までは、まずはきちんとした報告があれば信頼される。リモート環境ならではの「報告」がもたらす効果を、ぜひ知っておいてほしいと思います。

◇ほめられる新人は「リモートでもチームで働いている自覚」がある
(ほめられない新人は「在宅勤務は1人の時間」と勘違いする)

皆さんは在宅勤務のとき、仕事の効率を上げるためにどんな工夫をしていますか?

好きなＢＧＭをかけているかもしれませんし、テレビを観ながらリラックスして仕事をする人も多いようです。

そんな「ながら仕事」ができるのは、まさにリモートワークの醍醐味！

……なんて思っているなら、気をつけてください。そのままだと、あっという間に同期や後輩たちに置いていかれることになります。

確かにリモートワークの環境では、誰からも監視されていません。怖い上司の目もあなたの居場所へは届かないでしょう。だからこそ、リモートワークでは実力の差が生まれやすいのです。

厳しい先生や先輩たちの目が届かない自由……　皆さんも学生時代に覚えがありませんか？

急に授業が自習になったときに、進んで勉強するのかしないのか。先輩がいない部活の日に、ちゃんとハードな練習メニューをこなすのか、手を抜くのか。こうしたときに「やる人」と「やらない人」に分かれ、力の差につながっていくのです。

在宅勤務時で大きなポイントは、「自分１人の時間」と思うのか「１人ではなくチームで働いている」と自覚しているか、その意識の差だと思っています。

在宅勤務は1人だからといって、決して「自分だけの時間」ではありません。1人で仕事をしているように見えて、実は案件やプロジェクトで仲間とつながっています。

そのことを普段から明確に意識していくか否かで、仕事のモチベーションも成果も格段に違っていくと思います。

働く場所は違っていても、案件の進み具合を確かめ合う中で信頼関係が生まれ、相手から成果を認められつつ、自分も相手を認めることができます。

そもそも仕事というのは、相手との〝プレゼント交換〟です。「自分はこれだけやった」というものを相手と交換し合う。そうした想いの共有のなかで進めていくからこそ、仕事への意欲が高まり、成果へとつながっていきます。

確かに自分しかいない、でも決して1人で仕事をしているわけではない。その事実を強く自覚し、あくまでもチームの一員として仕事をしていることを常に意識してください。

意識づけのためにも、第3章で紹介した「工程表」をつくることをおすすめします。誰が何を、いつまでにやるのか？　チームのメンバーそれぞれのタスクを明確にして、進捗状況を共有してください。

出社して顔を合わせていれば、「そういえば、今度のプレゼンの資料ってどこまでできた？」と聞く機会もあるでしょう。ですがリモートワークでは難しい面もありますね。だからこそチームの工程表をつくり、お互いに把握しておくことで、コミュニケーションの活性化を図るのです。

お互いの動きを知ることで、「もう資料がほぼできたんだ！　サンプルの準備も頑張らないと」といったように、刺激を受けることができます。そして自然と、あなた自身のモチベーションも上がっていくに違いありません。

逆にチームで協働する意識を持てない人は、リモートワークを「自分1人の時間」だととらえ、好き勝手に仕事をしてしまいます。

スケジュール管理も不十分で、仕事の期限も意識できていない。自宅で好き放題していれば、上司は信頼なんてできるはずもありません。

そんな上司の気持ちを先回りして、チームの工程表を組み、自分の役割と仕事の進め方を「見える化」して申告しましょう。それが信頼を得るアピールにもなっていきます。

リモートワークが浸透したことで、従来のプロセス重視の仕事から、成果重視のスタイルに変わりました。ある意味では〝大人の仕事の進め方〟になったということです。

ですが、上司にとって「成果が出るまで待つ」のは辛抱のいること。入社3年目までの新人相手なら、なおさらです。「本当に大丈夫だろうか?」とやきもきすることも多いでしょう。

だからこそデキる新人は、結果に至るプロセスまでを自ら明確にして、上司の信頼を勝ち取ります。

成果を示すのはもちろんですが、チームで進める工程を明らかにして上司の安心と信頼を得る。それが、リモートワーク時代を制する「ほめられる働き方」といえます。

◇ほめられる新人は「まずは簡潔に」報連相をおこなう（ほめられない新人は「一度に長文で」報連相をおこなう）

何度も「報連相」の重要性に触れてきました。では具体的に、どのような内容だと「ほめられる新人」になれるのでしょうか。

リモートワークの環境だと、報連相はメールで行うことが多いでしょう。まずは「簡潔な文章」を心がけることが極めて重要です。要点を簡潔に伝える、シンプルかつコンパク

ト な文章が求められるわけです。

たとえば、翌日あなたは上司と待ち合わせをしています。

リマインドメールを送るなら、待ち合わせ場所はどこで、訪問する目的は何か、さらに期待する成果などの要点を簡潔に伝えることが重要です。たとえば、

「明日は大雨の予報なので、電車が遅れるかもしれません。早めに行って、○時○分には駅前の喫茶店○○でお待ちしています。今回は先方の部長が同席されるとのこと。信頼してもらえるように実績資料を用意しておきます」

このように伝えるべき内容を簡潔に記した上で、「明日はよろしくお願いします」というひと言を付け加えます。加えて、「追伸　初めての同行でドキドキしています……」といった素直な想いを伝える工夫をしても良いでしょう。

上司も人間ですから、そんな言葉を添えられると心が温まり、あなたに好印象を持つはずです。

ちなみに少し高度になるのが、単身で営業訪問を行ったときの「成果報告」。

しっかり準備したし、十中八九うまくいくはず。そう思って訪問しても、訪問先の都合によって、成果が得られないことも少なくないからです。

悔しい思いをするでしょうし、その気持ちを報告メールの中で上司に伝えたくもなるでしょう。ですから新人の場合、自分目線で「思ったこと」「感じたこと」を強調しがちです。

でも上司が聞きたいのは、新人のあなたがどう思い、どう感じたかではありません。知りたいのは、訪問時の商談において得られた情報であり、それに対する客観的な評価なのです。

つまり大切なことは、ビジネスの基本「5W1H」を正確に網羅すること。自分の感情は抜きにして、上司のほしい情報は何かをくみ取り、優先順位に基づいた報告メールを送れる新人が、高く評価されるわけです。

では、ここで2つの報告メールの例を挙げてみましょう。商談内容の報告ですが、まずは悪い例から。

〇〇部長、おつかれさまです。
昨日、〇×会社の〇〇部長を訪問した内容についてご報告します。
実は電車の遅延トラブルがあって、到着が20分遅れました。電車の中なので電話もできず、先方に着いたものの、1時間もらっていた時間も30分になってしまい、社長にすぐに企画の提案資料をお見せしたのですが、興味を持ってもらえたかどうか分かりません。とにかく資料だけは渡してきました。

ただ、先方の事業内容の説明を受けて結構盛り上がりまして、僕も勉強になりました。結局先方の課題は聞けなかったのですけれど、社長と話ができてうれしかったです。

次のご予定があったので時間が来たら退室されて、残った秘書の方と15分くらいお話をした後、会社を出ました。秘書の方も話がお上手で、私も会話の仕方などの勉強になりました。

次回のアポイントは、秘書から社長に確認してもらえるようなので、また教えてもらえると思います。いろいろと勉強になった営業訪問でした。

……思わず、感想文か！　というツッコミを入れたくなりませんか？　この報告だと上司は、次につなげるための情報を見つけることができません。

しかも、言い訳やあなた自身の感情が入りすぎると、結論を急ぎたい上司は煩わしく感じてしまう可能性もあります。

では、一方のメールについても見てみましょう。


〇〇部長、おつかれさまです。

昨日、〇×会社の〇〇部長を訪問した結果についてご報告します。

実は電車の遅延トラブルがあり、先方への到着が20分遅れてしまいました。

その結果、社長とのお話は30分間になり、当方の企画の提案説明のみで約束の終了時間が来てしまいました。時間に制約があり先方の課題は聞けませんでしたが、提案内容に興味は持ってもらえたので、次回につながる話はできたと思います。

秘書の方から、社長がゴルフをお好きだという話が聞けたのは有益で、今後のお付き合いに活かしていきたいと考えています。

次のアポイントは秘書の方から教えていただけることになっており、時機を見てこちらからも確認を入れます。なお、他の特記事項については、本日中にレポートをご提出します。


同じ状況を報告していても、マイナス要素を簡潔に伝え、自分の感想をズラズラ並べていません。しかも、うまくいかなかったけれど「社長がゴルフ好き」という情報を得られたことはきちんと報告しています。

反省点と改善のための考えを付け加えておけば、もっとほめられる報告になるでしょう。

「時間の制約があったとはいえ、課題を引き出せなかったことが最大の反省点です。自分なりの仮説を想定しておき、短時間でも深く切り込めるように準備しておくべきでした」

こうした内容があると、上司の印象はさらに良くなるでしょう。

◇ほめられる新人は相手の行動パターンに合わせてリマインドする（ほめられない新人は自分のペースでリマインドする）

上司が自分の手帳やスケジュール表を開き、「あれ、そういえばA社とのアポイントは来週だったな。そろそろ準備しておかないと」と考えたとき、ちょうど良いタイミングで上司にリマインドメールを送る人はデキる新人です。

「来週のアポイントの件ですけれど」

「来週のクライアント訪問、〇〇と〇〇の資料を用意しています。ほかにはありますか？」

と、上司に効果的なリマインドを行うことで、「先回り思考のあるやつだ」と評価されるのです。

当日の朝にも「本日14時の営業同行、よろしくお願いします」とリマインドを入れてくれると、多忙な上司は「そうだった」と助かるものです。

ただし中には「おいおい、オレが忘れているとでも?」とへそを曲げる、気難しい上司もいるかもしれませんね。そんなときは、事前に〝リマインド〟をしておくと良いでしょう。

「どんな方法でリマインドさせてもらったらいいですか?」

「当日の朝にもお送りしましょうか?」

と先に確認しておくのです。

「ありがとう!　知らせてくれると助かるよ」という上司もいれば、「大丈夫、忘れないから気にしてくれなくていいよ」という上司もいるかもしれません。こうしたちょっとしたリマインドの気遣いができるかどうかで、与える印象はずいぶん違うのです。

たとえば私は、講演やセミナーに出席するために飛行機によく乗ります。空港での待ち時間はメール確認に使いやすい「空き時間」なんですね。そのときに決まってリマインドメールを入れてくれる若手社員がいます。

忘れそうな準備の内容を知らせてくれたり、翌日の予定などを伝えてくれたり。時間と気持ちの余裕がある「空き時間」にメールを送ってくれるので、いつも大助かりです。


ではあなたの上司にとって、リマインドに効果的な「空き時間」はいつでしょうか？

朝の出勤時やランチタイム、出張先への移動のタイミングなど、人それぞれ違います。上司はどのような行動パターンをとるのか、日頃から把握しておくことが、タイムリーなリマインドを可能にします。

中には、日曜日の夜には既に〝仕事モード〟になっている人もいますから、その場合は「日曜夜」が効果的なタイミングです。日曜夜に翌週の予定をメールで送ると、喜ばれるでしょう。

ただし、日曜メールは上司のタイプにもよりますから、くれぐれも慎重に。

オフを大事にする上司なら逆効果ですし、いずれの場合でも「休日に申し訳ありません」という断りを入れた上でメールを入れましょう。そもそも休日にメールすることがＮＧの会社もありますから、あくまで状況を見て判断することが大切です。

そしてリマインドメールを送る際に、忘れてはならない鉄則があります。それは、決して自分本位のスタンスにならないこと。

「今週末、○○課長と一緒に営業訪問だな。忘れないうちに、課長にリマインドメールを送っておこう」

これって完全に自分のペースでのリマインドですね。自分が忘れないうちに？　そんなこと、課長は知ったことではありません。自分ではなく、課長に忘れてもらわないように送るのがリマインドメールであり、そのためにいつ送るのがもっとも適切なのかという視点で考えることが不可欠です。

つまり、相手の行動パターンに合わせてリマインドする。どのタイミングであれば、最も効果的なのか、それをいかに把握できるかが、ほめられる術を身に付けられるかどうかの分かれ目です。

「今日、部長はゴルフに行っているな。そろそろ終わってくつろいでいる頃だから、今ならメールを入れるとちょうどいいだろう」という先読みをしましょう。

もちろん、相手の行動をすべて把握などできないというときには、「いつリマインドをさせてもらえばいいですか？」と、シンプルに事前確認しておけばいいのです。

◇ほめられる新人は状況に見合った絵文字を使う（ほめられない新人は空気を読まずに絵文字を使う）

皆さんは普段から、ＬＩＮＥでもＩｎｓｔａｇｒａｍのＤＭ（ダイレクトメッセージ）でも、当たり前のように絵文字を使っていると思います。

プライベートだと、絵文字は気持ちや雰囲気、状況などを端的に表現して相手に伝えることができるとても便利なツールです。最近では社内のコミュニケーションでも使われることが増えました。

もちろん抵抗感がある〝昭和の上司〟もいるかもしれませんが、良い効果をもたらすのであれば、私は使っても構わないと思っています。さまざまな絵文字がありますから、今のシチュエーションにふさわしいと思うものをタイムリーに使えばいいでしょう。

ただし避けなくてはいけないのが、絵文字が「自己満足」になってしまうことです。使う絵文字を、自分目線で選んでしまっていませんか？　その安易な選択によって、相手とのコミュニケーションが壊れてしまうケースも中にはあるのです。

たとえば「ハートマーク」。あらゆるＳＮＳツールに入っている定番の絵文字ですが、感情表現が強すぎるため、送られた相手が戸惑うケースがありますから、注意が必要です。

では、ビジネスシーンでも使える絵文字は、どういったものでしょうか?

たとえば明るさをプラスしたいなら、「クローバー」「スマイル」などが良いでしょう。「太陽」「虹」「音符」なども好感をもってもらえそうです。

これらに共通するのは、あまり主張しすぎないこと。無難でありながら、肯定的で明るい雰囲気を醸し出してくれます。〝箸休め〟のような存在になり、相手との距離を縮めることにも一役買うかもしれません。

ただし会社によっては、絵文字の使用を禁じている場合もあります。そもそも自社の風土や文化に合わない会社も当然あるでしょう。

その見極めをきちんと行った上で使うというのが大前提。使っても大丈夫であれば、上司に送るLINEの中で、思い切って絵文字を使ってみてはどうでしょうか? あなたに親しみを感じるきっかけになるかもしれません。

◇ほめられる新人はTPOに合わせたファッションをまとう（ほめられない新人は自己中ファッションで周囲を不快にする）

ビジネスシーンにおいてよく使われる「TPO」という言葉。これは、「Time（時間）」「Place（場所）」「Occasion（場面）」という3つの単語の頭文字をつなげたものです。

TPOとはその言葉通り、時間や場所、場面をわきまえた服装をしたり、立ち居振る舞いをしたりすること。ですから「TPOに合わせる」とは、その場の〝空気〟を読み、その場に応じた気遣いをすることを指します。社会人が留意すべき、基本的なマナーです。

では、入社3年目までに気をつけたい、TPOに合わせたファッションとはどういったものでしょうか？

答えは、「その場」で周囲に不快感を与えたり、失礼にあたったりしない服装。リアルでもリモートの環境でも同じです。

スーツなのかTシャツなのか、短パンなのか、はたまた作業着なのか。適した服装は業種や業態によって異なり一概には言えませんが、〝周囲に不快な思いをさせない身だしなみ〟をすることが重要なのです。

近年、「自分らしい服装」を優先してしまう人が増えていると感じています。確かに個性は大切にすべき。でもあくまでビジネスの場。明らかに周囲の雰囲気とは異なった、違和感たっぷりのファッションで仕事に臨むのは問題があります。

周囲との調和を考えず、〝自分らしさを過剰に押し出したファッション〟になってはいけません。「自己表現」と「自己中心」とは別物。自己中心になると、往々にして周りを不快にしてしまうのです。

たとえば当社で、過去にこんなことがありました。

私たち「ほめ育」グループのオンラインミーティングでは、自宅などからスウェットやTシャツ姿で参加する人も多く、そうした自由さは尊重しています。

ところがある日のこと。クライアントとのミーティングに、約1カ月の新人女性社員がオンラインミーティングに参加することになりました。彼女は濃いメイクをして目立つピアスを付け、見るからに派手な服装で参加してきたのです。

10人くらいのミーティングでしたが、その姿は明らかに浮いています。

もちろん本人としては手を抜かず、きちんと化粧をして臨んでいるわけです。ですが一度参加すれば、場の空気は分かったはず。ところが2回目も同じような服装で参加したものですから、「周りの社員たちを見てごらん」と注意したのです。

彼女は、あくまでも自分が気に入ったファッションでミーティングに参加したとのことでした。ＴＰＯなどは考えず、自分目線で服装を選んでしまったのです。

確かにどんな服装で参加しようと、周囲に迷惑をかけるわけではありませんし、ディスカッションに影響を与えるわけでもありません。

ですが、明らかに浮いてしまう服装をすることで、「空気が読めない」というマイナスプロモーションにつながってしまうとしたら、実にもったいないことですね。

一方でほめられる新人は、ＴＰＯをしっかりと意識した上で、周囲やお客さんから見て安心感が得られるようなファッションを心がけます。

社内を見渡せば、そんな先輩がきっといるはず。ぜひお手本を見つけてほしいものです。

そして、どのような服装をするにしても、必須の条件があります。それは「清潔感」。汚れていないのは当然として、きちんとアイロンをかけて、シワのない状態を保つことも重要です。

一人暮らしをしているなら、アイロンがけや洗濯の糊付けなどは大変な作業。でも、そういう手間ひまがかかるからこそ、「清潔感がある人はきちんとしている」という印象を与えることができるのです。

◇ほめられる新人は「未来のおかげさま」のためにメモを取る（ほめられない新人は「おかげさま」を記憶も記録もしない）

若手の皆さんは、アドバイスをしてもらう機会も多いはず。上司や先輩はもちろんのこと、取引先の年配者などもいろいろ教えてくれるのではないでしょうか。アドバイスされたときに、「分かりました！　アドバイスありがとうございます。今後の参考にさせてもらいます」と答えるだけの人は、おそらく実行に移すことはありません。

せっかくもらった金言も、ただ聞くだけではいずれ忘れてしまうもの。実行されないまま消えてしまうのです。

大事なのは、アドバイスの内容を書き留めること。その場で記録することで内容を忘れずに済み、行動に移せばビジネススキルが上がっていきます。

手帳でもスマホのメモ機能でも構いません。忘れないうちに文字として形にして残しておくことがとても大事なのです。

ただし本当の意味で「ほめられる新人」が取るメモは、「忘れないこと」だけが目的ではありません。「未来のおかげさま」のためのメモにするからこそ、価値があるのです。

「未来のおかげさま」のためのメモ？　そう聞かされてもピンとこないかもしれませんね。

若手のときに上司から受けたアドバイスをメモし、素直に実行したAさん。やがて形になり、成果につながったとき――。「○○さんのアドバイスのおかげで、自分の成果につなげることができました。ありがとうございました」

こうした感謝の言葉を、アドバイスをくれた人に贈ることができます。これが「未来のおかげさま」のためのメモということです。

アドバイスした側からみれば、忘れてしまっていた内容かもしれません。そもそも助言したこと自体、記憶の彼方へと消え去っていることもあるでしょう。

そうであればなおさら、「あのときのアドバイスのおかげです。だから一番にお礼を言いたくて」と感謝の報告をしてくれたら、こんなにうれしいことはないですね。「そんなことまで覚えていてくれたのか？」と上司冥利に尽きるはずです。

これは私が44歳のときの出来事ですが、きっと若い世代の皆さんにも3年目までの事例に置き換えて理解してもらえると思いますので、あえて紹介します。

私はとある方から「原さん、〝ほめ育〟の絵本なんか作ったら、面白いんじゃない？」というアドバイスをもらったことがありました。

私は「なるほどなぁ」とアドバイスをメモし、少しずつアイデアを温めていきました。そして周囲の皆さんのおかげで形になり、やがて初の「ほめ育の絵本」として出版することができたのです。

絵本が世に出た後、私はすぐその人に、メッセージを添えて本を送りました。

「あのときいただいたアドバイスのおかげで、ほめ育の絵本ができました。ありがとうございました」。その後、感激の返事をいただいたのは言うまでもありません。

アドバイスを書き留めるときは、中身はもちろんのこと、誰から教えてもらったかも記録しておきましょう。

そしてアドバイスを活用し、成果につながれば、「おかげさまで」と感謝の報告をするのです。上司は喜び、必ずやあなたの〝応援団〟になってくれるでしょう。

アドバイスをもらい、そのときに「メモを取る」という行為は、相手の話を傾聴する姿勢を示すもの。加えて「未来のおかげさま」のためにメモを取る。これができるかどうかで、その後の自身の成長の度合いはまったく違ってくるわけです。

20代後半や30代、さらには40代の飛躍に直結する「宝のメモ」になることでしょう。

◇ほめられる新人は自分の部署以外の人にも気遣いができる（ほめられない新人は自分の部署以外のことには興味がない）

会社には営業や総務、経理などの部署があり、一つの組織として成り立っています。

それぞれ違う役割を担っていますが、同じ会社に属する仲間。どんな仕事をしているのか、何を大事にしているのか、意識しなくてはなりません。

私がかつて会社勤めをしていたときのこと。営業部の同期が、ひどい失敗をやらかしたことがあります。経理部の仕事にあまりに無頓着だったために、信頼を一気に失ってしまったのです。

営業の新人だった彼は、自分のお客さんに送るための資料を、社内の共同コピー機で朝からせっせとプリントアウトしていました。

全部で数百枚あり、手間のかかるコピー内容だったために、全て終えるには1時間はかかります。その間コピー機を占有した状態で、鼻歌まじりで作業を進めていました。

そこにやってきたのが、経理部の先輩、女性社員のAさんでした。

ちょうどその日は月末の締め日。経理部にとっては膨大な数の請求書を顧客あてに送らなければならない日。ひと月の中で最も忙しく、部内の社員みんながピリピリしていました。

大量の伝票をコピーするために、コピー機のもとにやってきたAさん。そこには、自分の資料をせっせとコピーする営業部の新人の姿がありました。

しばらく後ろに立ち、作業が終わるのを待っていましたが、待てども待てども終わる気配はありません。しかも本人は鼻歌まじりで、急ぐ様子もないのです。

しびれを切らしたＡさんは、営業部の部屋に向かってツカツカと歩いていきます。そして、担当課長の机の前に歩み寄り、「ちょっと○○さん、あなた新人にどういう教育してるの！」と声を荒げたのでした。

課長は、「すまない。彼には昨日のうちにやっておくように言っていたのだけど……申し訳ない」と平謝りです。

その後、Ａさんは課長に呼ばれ、「経理部が一番忙しい月末の今日、朝からプリンターを占領して、のんきに自分の資料をコピーしまくるなんて、何を考えているんだ！」と大目玉をくらいました。

「新人なんだから、他部署の動きなど知らなくても仕方ない」なんてことは、言い訳にはなりません。だって彼と同期だった私は、月末のその日は「経理部のためにコピー機は空けておかなくてはいけない」ことを、事前の社員同士のコミュニケーションの中でちゃんと知っていたのですから。

新人でも、他の部署の大まかな動きをおおよそ把握しておくことはできます。他部署の人とも横のつながりをもち、周囲にちょっと目配りすれば、そうした情報は自然に自分の耳に入ってくるものなのです。

なにも、他部署の業務のマニュアルを理解する必要はありません。自分の部署以外の業務や仕事の中身に〝興味をもつ〟だけでいいのです。

他部署の人と会う機会は、いろいろあるはずです。たとえば自販機の前や休憩室、トイレでも会うでしょう。

そのときに「どう？　忙しい？」といった声をかけるだけでもＯＫ。こんな簡単な会話でも、コミュニケーションは始まります。

「繁忙期で今すごく忙しいんだよね」「そうなんだ。僕らも何か頼むときは、気をつけないといけないね」といった会話は、単なる世間話ではありません。他部署の仕事内容を把握しておくための貴重なコミュニケーションの機会です。

会社の中では、同じ部署内のタテ軸でなく、他部署とのヨコ軸のつながりにもしっかり目配りできるような人が、やはり「ほめられる人材」です。

他部署の仕事であっても、会社としての向かう先があるわけですから、仕事が重なる部分は必ずあるもの。その重なりの中で、何か自分ができることがあるかもしれない……その意識が４年目からの成長に大きく関わっていくのです。

◇ほめられる新人は「アナログの方が生産性の高い場面」を知っている（ほめられない新人は「何でもデジタルが正しい」と思っている）

メールやＳＮＳを中心としたデジタルコミュニケーションが主流になった一方で、ＩｎｓｔａｇｒａｍもＦａｃｅｂｏｏｋもやらない、ましてやＴｉｋＴｏｋなど論外……という上司はきっとあなたの周りにもいるでしょう。

物心ついたときからパソコンやインターネットが身近にあった皆さんにとって、アナログ文化は〝古いもの〟や〝効率の悪いもの〟というイメージがあるかもしれません。

ただし、忘れないでいてほしいことがあります。

それは、職場においては「アナログの方が、実は生産性が高い場面がある」という事実。

アナログ文化を尊重することで「ほめられる人材」になれる要素は、実は数多くあるのです。

それが、「人間関係の生産性」です。新人のあなたにとって、この生産性を重視することは、とても大きな意味を持っています。

人間関係の生産性を上げるために大事にしたい、アナログ要素。たとえば、電話や手紙、手土産や贈り物などが挙げられます。

管理職として仕事の決定権を持っているのは、50代以上が多いのではないでしょうか。彼らにとっては、極力無駄を省いたデジタル化ツールはなじみにくい存在です。一方で、「手紙をしたためる」「手土産を持参する」「紙で印刷して持って行く」といったアナログのコミュニケーションはとても身近に感じてくれます。

メールやLINEで挨拶したからOK！　ではなく、フェイスtoフェイスで「ありがとうございました」と伝えることに価値を感じてもらえるということです。

同様に、メールやLINEによるコミュニケーションが当たり前の今だからこそ、「電話をかける」という伝達手段が効果的な場面もあります。

特に昭和時代の上司は、メールでいちいち伝えるよりも、「電話した方が早い！」と思っている人が少なくありません。

また、ハガキを書くなんていうのは、昭和のアナログ文化の象徴かもしれません。

ですがハガキを送ることも、自分を印象づけるための効果的なアクションになります。年賀ハガキではそれほどインパクトはありませんが、暑中見舞いであれば別。今の20代の若者が切手を貼り、季節の挨拶ハガキなんて贈ろうものなら、必ず昭和上司の印象に残るはずです。

また何かのお礼をしたいときには、ちょっとしたカードを用意して、手書きで感謝の言葉を記しましょう。さりげなくデスクの上に置いておくと、喜ばれるはずです。

心温まるアナログのひと工夫が、「人間関係の生産性」を上げていくことにつながるのです。

最後に、アナログの力で人間関係の生産性を上げていくための、究極の方法を紹介しておきましょう。

上司が部下からもらって一番喜ぶプレゼントって、あなたは何だと思いますか？　出張帰りの気の利いたお土産か、はたまた奥さんの誕生日に用意するお花でしょうか？

いいえ、もっと良いモノがあります。

若手社員であるあなたからの、「相談ごと」。実はそれが、上司にとって最もうれしい「贈りもの」なのです。

「課長、今ちょっとこのプロジェクトで行き詰まっていて……　何か良い打開策はないでしょうか？」

あなたの相談に対して、上司は真摯に考え、答えを授けてくれます。

「そうだな。切り口を少し変えて、方向性を見直してみたらどうだ？」

「ありがとうございます。違う切り口を考えて、練り直してみます」

そして後日、上司のアドバイスが功を奏し、新人の手掛けたプロジェクトは無事に成功裏に終わりました。

「先日アドバイスいただいたことをやってみたら、うまくいきました。ありがとうございます」

上司は新人から、「相談」という名の贈りものをもらい、そのお返しにアドバイスを授けました。

それが新人の成長につながったことが分かれば、上司にとってこれ以上のうれしいプレゼントはないでしょう。

デジタル全盛の今だからこそ、感謝やお詫び、激励など、気持ちや感情を深く伝えたいときには、アナログの意思伝達を考えてみてはどうでしょうか。

一つひとつの工夫あるコミュニケーションの循環が、職場の生産性を上げていくための大きな力になるのですから。

第5章 オンライン時代の「IT×ビジネススキル」のお作法

◇ほめられる新人は「ＩＴが苦手な世代」に親切
（ほめられない新人はせっかくのチャンスに気付かない）

今ではＩＴの知識が豊富なベテラン上司も少なくありませんが、日進月歩のデジタル社会においては、やはり若手社員にはかないません。

仕事に対しての自信はまだなくても、ＩＴツールやＳＮＳ、スマホのアプリ活用に関する理解は、デジタルネイティブ世代の20代なら得意なはず。新しいソフトやデジタルツールをいかに効率よく活用していくか。そういったシーンで、皆さんの力が求められています。「最近のＺｏｏｍやＩＴツール、アプリとかよく分からない……」とこぼしている上司をリードできるチャンスなのです。

顧問先のとある大手食品メーカーでは、あるユニークな試みを行っています。入社間もない社員が、ベテラン社員向けのパソコン教室を開催しているのです。

教室には、40代や50代の管理職がズラリ。そして、２年目や３年目の若手社員に「よろしくお願いします」と頭を下げます。

「学ぶ」は「まねぶ」です。普段はどっしりと構え、威厳たっぷりに指示を出す部長さんが、低姿勢で若手社員から学びを得ている光景は新鮮です。このときばかりは上司も部下もありません。

誰からでも学ぼうとする姿勢は、職場の雰囲気をプラスに変え、組織の成長スピードを上げるきっかけにもなっています。

こうした例からも分かるように、入社３年目までの社歴の浅い若手や新人にとって、「ＩＴ×ビジネス」に関するスキルで会社に貢献すると、上司から一目置いてもらうチャンスにつながります。

上司があなたに聞きやすくするために、「ＩＴやパソコン周りに関して分からないことがあれば、何でも聞いてくださいね」と言葉をかけておきましょう。

たまたま上司のスマホを見たときに、待ち受け画面が子どもの写真になっていたら、「お子さんの写真ですね。おすすめの写真整理アプリがあります。良ければインストールして差し上げますので、少しスマホを貸していただけますか？」と提案してみてください。

こうした小さな親切を積み重ねることで、あなたは一目置かれる存在になっていくのです。

ＤＸ推進のために、社内に最新のデジタルツールが導入される時代です。今ではＺｏｏｍやＭｉｃｒｏｓｏｆｔ Ｔｅａｍｓなどを使った、オンラインでの打ち合わせも当たり前になりました。

ＩＴに強い若手世代にとって、おのずと「ほめられる」環境がたくさんあるわけです。

この有利な状況を、上手に活かさない手はありません。

では、新人や若手社員が得意なＩＴを職場で活かすには、どのような方法があるのでしょうか？　オンライン時代の「ＩＴ×ビジネススキル」の〝作法〟を身につけてもらうために、次からいくつか具体例を紹介しましょう。

◇ほめられる新人はオンラインでも「ムードメーカー」になろうとする（ほめられない新人は「単なる傍観者」で終わる）

社内でオンライン会議を始めて10分後、50代の部長がやや怒った口調でこう言ったとします。

「おいおい、なんだか雰囲気が盛り上がらんなぁ。もっとざっくばらんな感じでいいから、どんどん言いたいことを言ってくれよ」

実は、オンライン会議に慣れていない50代上司自身が、張り詰めた空気を作ってしまうことも多いわけですが、もちろん誰もそんなことは指摘できません。ぎこちない空気が流れたまま、時間だけが過ぎていきます。

部長世代は、対面のコミュニケーションには長けていますが、オンライン会議には不慣れ。なんとか場を盛り上げようと冗談を言って、かえって空回りすることも少なくありません。そこで「今こそ出番！」と力を発揮すべきなのが、新人や若手社員の皆さんなのです。

皆さんはまだ、仕事を十分に覚えきれていません。そうした中でオンライン会議に出席しても、実のある意見を言ったり、議論をリードしていくような役割を担ったりするのは難しいでしょう。

そして会社側も、入社間もない皆さんにそうした役割は期待していません。

上司や先輩がどんな問題提起や意見を発信するのか、まずはその中身をしっかり聞き、吸収していく。そうした積み重ねによって、力をつけてほしいと願っているのです。

とはいっても、皆さんは決してオンライン会議の〝観客〟ではありませんから、完全に受け身のスタンスではダメ。ただの傍観者でいたのでは、到底「ほめられる」存在にはなりません。

会議で華々しい活躍ができなくても、必ず〝参加する意味〟を自ら創り出してください。

そうすれば、上司や先輩たちの脳裏に〝爪痕〟を残すことができます。

たとえば先ほどのように、オンライン会議の空気がどんよりしているとき。

「おはようございます！」「よろしくお願いします！」と、ひときわ大きな声で返事や挨拶をしてみることも一つでしょう。きっと場の空気が明るくなり、会話しやすい雰囲気になるはずです。

ほかにも、オンライン会議だからこその環境を利用して、場を盛り上げる工夫がありま す。その一例が「バーチャル背景」の有効活用です。

以前、ある会社のオンライン会議に出席した際に、「今年入社した新人です！」と挨拶してくれた20代の男性がいました。

彼の背景を見ると、私の著書の表紙の写真を貼ってくれているのです。そして「いつも勉強させてもらっています！」とひと言。出席者みんなの表情が一気にゆるみ、場が和んで、ミーティングがスムーズに進むことになりました。

別のオンライン会議では、ある新人が背景に社員旅行の写真をたくさん貼っていました。

そうした様子を見ると「愛社精神がある子なんだな」「仲間を大事にする子なんだな」と好印象を抱きましたし、会話の箸休めになりました。
　そして彼は会議前に、自分の出身地のお国自慢も面白おかしく話してくれました。少しの笑いは、それから始まる会議に向けて、集中力を高めてくれます。すると気持ちの余裕が生まれ、新しいアイデアが生まれやすくなるものです。

　こうした役割を担えるのは、新人ならではの特権です。オンライン会議に参加しても、十分な戦力にはなれないかもしれません。でも、オンライン会議の雰囲気づくりならできるはずです。
「会議という場で、なんとか自分なりに貢献したい」といった「できることをやろう」という前向きな姿勢や気持ちが見えるとほほ笑ましいですし、そんな姿を見せてくれる新人は応援したくなるものです。

　ほかにも、出席者の誰かがミュートのまま話そうとしていたら、「〇〇さん、恐れ入りますがミュートです」と知らせてあげることもできます。操作に慣れない人がいるようなら、チャット機能を活用して、さり気なくサポートすることもできるでしょう。

会議の進行にはなかなか関われなくても、ＩＴに強い新人ならではの貢献の仕方はたくさんあるのです。

ただし、注意したいのがタイミングとさじ加減。仕事で大きなミスをやらかした後だったり、度が過ぎた演出をしたりすると、〝空気が読めない新人〟と認識されるかもしれません。

雰囲気づくりを重視しすぎて、墓穴を掘らないよう行動しましょう。

◇ほめられる新人はＷｅｂ会議を「自分の活躍の場」と考える（ほめられない新人は「何も言われていないので」と押し黙る）

オンライン会議に際して、参加者が意見を発信しやすい雰囲気をつくる役割はぜひ新人の皆さんに担ってほしいのですが、ほかにも力を発揮できるシーンは多くあります。

前述したように、ＩＴリテラシーに関しては、ベテラン社員よりも圧倒的に高いはず。オンライン会議をするには、さまざまな準備が必要です。そうした役割を担ってほしいのです。

リアルの会議であれば、資料を用意したり、プロジェクターなどの機器を設定したりするのは、基本的に若手社員の仕事。それはオンライン会議であっても同じなのです。

「え？　それ僕の役割ですか？　何も言われていないので」

「それならそうと、先に言っておいてもらわないと…」

「急に言われても困ります」

といった認識ではいけません。皆さんは、会議のお客様でも見学者でもありません。むしろ、〝オンライン会議のディレクター〟であり、会議が円滑に進むよう取り仕切るという自覚が必要です。


オンライン会議の準備には、次のようなものがあります。実行するには「自分が準備するんだ」という意識さえあればＯＫ。会議の中身とは関係ないのですから、経験のない新人でもできるのです。

１．オンライン会議の開催を事前に３回リマインド。３日前、１日前、当日の３回、参加者にリマインドします。コミュニケーション回数が増えるだけでなく、主体性を持って会議に参加している姿勢を伝えることができますし、事前に参加者の機材

トラブルを防ぐことにもつながります。

2．パソコンと通信環境に問題がないか、参加者に音声トラブルが生じていないかを確認します。

3．会議で使う予定の資料は準備できているかをチェックしましょう。当日のアジェンダや資料などの配布は前日までに済ませ、会議スタートとともに参加者が資料を確認できるようにしておきます。必要な資料は会議前にいったんすべて開いておくことも大事です。

4．ホストが時間通り会議を始められるよう、10分～15分前など早めに入室して待機します。

5．参加者がそろったと思ったら、会議前のチェックインタイムとして点呼を取ると良いでしょう。遅れる人がいれば会議が始まる直前までに把握しておきます。

確認しておけば、司会者が「さて、参加者全員そろったかな?」と会議を始めようとしたとき、

「いえ、○○さんと○○さんがまだ参加されていません。先ほどＬＩＮＥに連絡をいただいていまして、○○さんは前の会議が長引いて10分遅れるそうなので、冒頭の10分はアーカイブで後から聞くと連絡をもらっています」

「○○さんも、いまＬＩＮＥがきました。5分くらい遅れそうで、先に始めてくださいとのことです。ではこれから、録画をスタートします」

といったように、スムーズな進行に寄与することができます。

そしてオンライン会議が始まったら、積極的に議事録を取り、会議が終わってからの文字起こしを担当するのもおすすめです。仕事への理解が深まりますし、上司や先輩からも感謝されます。

会議がスムーズに進むように、率先して参加者のアジェンダを集めるのも良いでしょう。ほかにも、「前回までの会議内容のまとめ」作成や議事録の整理なども担えば、他のメンバーや上司に報連相を行う機会が多くなります。

これらは、新人の立場や能力に応じた〝分相応〟の気遣いですから、必ず評価されます。
こうした工夫をしながら会議を重ねていけば、次第に各メンバーのＩＴに対する知識や得手不得手も分かることでしょう。
「○○さんの自宅のＷｉ－Ｆｉは電波の環境があまり良くないので、途切れることがある」、「○○さんはＺｏｏｍの操作にあまり慣れていない」といった状況を把握しておけば、自分にできるサポートが見えてくるはず。するとあなたの存在価値は飛躍的に高まっていきます。

オンライン会議には、環境をサポートする「アシスタントディレクター」になったつもりで臨んでください。

会議の中心メンバーにはなれなくても、準備の中心にはなれます。縁の下の力持ちとして場を切り盛りできれば、上司から感謝され、信頼がアップします。こんな絶好の機会をものにしない手はありません。

◇ほめられる新人は「タスクの見える化」で上司を安心させる（ほめられない新人は仕事を「ブラックボックス化」する）

ビジネスの場で、日常的に行き交うメール。私の会社でルールにしていることがあります。それは、同じプロジェクトや案件を一緒に進めているメンバーを、必ずＣＣもしくはＢＣＣに入れるということです。

これは基本的な「タスクの見える化」の手法の一つ。業務はどこまで進んだのか、どういう状況なのか？　こうした内容をメンバー全員で共有できていれば、各々が迷わず止まらず、次の仕事、その次の仕事と進んでいきます。すると結果的に、業務を進める効率が上がります。

さらに情報を共有していれば、「このペースだと、期日に間に合わないんじゃないの？」といったように、素早く問題点を発見することも可能です。するとメンバー同士コミュニケーションをとり合いながら、修正することも可能になるのです。

デジタル上でのタスク管理は、メールで情報共有する方法以外でも構いません。スケジュールアプリや管理アプリなどを使っても良いでしょう。ツールによって機能や特徴もさまざまですから、状況に合うものを選ぶことが大切です。

ではこうした「タスクの見える化」がなぜ必要なのか、もう少し踏み込んだ話をしてみましょう。

入社1年目の新人の場合、上司はあなたの仕事のスタイルや意欲を把握しきれていません。

リモートワークの環境ではなおさらです。出社しない環境で仕事をする、上司の目がなかなか行き届かない状況下で業務を進めるわけですから、いわば〝野放し〟に近い状態。だからこそ、「タスクの見える化」が必要になるのです。

いえ、なにも上司の側が管理・監督の目を光らせるため……　という意味ではありません。どのようなことが得意で不得意なんだろう？　どういう姿勢で仕事に取り組んでいるんだろう？　そう見られている新人だからこそ、上司に信頼してもらうために「見える化」が欠かせないのです。


メールを送るときはCCやBCCを使って、関係者全員に自分の動きを見てもらう。スケジュール管理アプリを活用して、「今月末までに企画書を完成させます！」といった予定を明確にする。

このように動きを明らかにすることで、自分がリモートワークの中でどのように仕事を進めているかを「見える化」するのです。

自分の仕事ぶりを詳しく知らせることで、自分の等身大の仕事ぶりを見てもらい、同時に「隠しごとをしない誠実な人間」であることも周囲に伝えましょう。

「リモートワークで何をやっていたの？」と上司に言われたら要注意。あなたの仕事ぶりがつかめず、疑心暗鬼になっている証拠です。

今や多くの会社では、業務管理ツールが用意されていることと思います。しっかりと活用し、隠しごとなしにオープンにして報告してください。

たとえば一日の行動を報告するなら、おすすめは「15分単位」。約15分でどれだけ仕事が進んだのかを報告するのです。

15分ごとということは、１時間あたり４回。就業時間が８時間なら32回分ということです。そこで自分がどのような仕事や作業をしたかをつぶさに報告することで、上司からの信頼関係を得ることにつながっていきます。

プラスの要素はもちろん、マイナスの事柄もすべてオープンに。全て報告すれば、当然叱られる要素もあるでしょう。でも同時に、ほめられる要素だってたくさんあるはず。

そのための材料を包み隠さず上司に対して「見える化」することで、あなたはほめられるし、上司を安心できるのです。

タスクの見える化には、もう一つ大きな効果があります。それは、自分自身が行った業務の振り返りになるということ。そして、次のチャレンジへのステップにもできるということ。つまり、成長の土台にできるのですから、ためらうことなく実践すべきです。

仕事の失敗を、隠したくなる気持ちは分かります。でも、隠してろくなことはありません。入社3年目までは、あなたの行動を全て〝ガラス張り〟にすべき。まずは上司の信頼を得ることを主眼に置いて、仕事を進めていきましょう。

◇ほめられる新人は「即レス」して上司の時間を尊重する（ほめられない新人は「遅レス」で上司の時間を奪ってしまう）

「即レス」とは、「即座にレスポンス（返事）すること」の略。メールやLINEなどで連絡をもらったとき、すぐに返事することを意味します。

特にビジネスシーンにおいては、即レスできる人は上司や先輩、顧客などから好印象を持たれます。「即レス」は新人が大切にすべきことの一つです。

新人社員のレスポンスの悪さは、上司から見れば、イコール「責任感のなさ」と理解されることもあるため、注意が必要です。

ＬＩＮＥと違って、メールには開封通知の機能がありません。ですからあなたが返事をしなければ、上司はあなたがメールを見たのか見ていないのかも分かりません。

返事のない状況だと上司は、

「指示の内容を把握してくれたのか？」

「そもそも、ちゃんと見たのか」

と、ずっとモヤモヤした気持ちを抱えたままです。

つまりはその間、上司の貴重な時間を奪ってしまっているということ。上司からメールを受け取った、だけどすぐに返事しない。それは、業務の責任を放棄したことと同じなのです。

ＬＩＮＥだと既読機能がありますから、読んだ事実は上司にも伝わります。ですから「ちゃんと読んだのかな？」とやきもきさせることはありません。

ただし、読んだ事実が伝わるだけに「既読スルー」は問題です。

上司に「なぜすぐに返事しなかった？」と理由を聞かれたときに、「ちょっと忙しくて」「ずっとバタバタしてまして」などと答えたら、上司はどう感じるでしょうか？

確かにやるべき仕事も多いでしょうし、まだ処理スピードが遅いのも仕方ないこと。とはいっても「忙しい」という言葉を前面に押し出すと、〝仕事ができない人〟という印象を与えてしまうのです。

もしも、メールやLINEなどで何かの連絡や指示を受けても、すぐに対応できない理由があるなら、簡単に事情を説明し、いつまでに対応するのかを伝えましょう。

「承知いたしました。電車で移動中ですから、帰社後、今日の17時までには対応します」と、具体的な時間を申告するのです。

めどが立てば、上司はやきもきすることなく、安心して待つことができます。しかも「17時までは別の仕事をしていてOK」という、自分の行動予定も立てられるわけです。

そして「即レス」といっても、単に早ければ良いというものではありません。早さばかりに気を取られてしまい、いい加減な返事や間違った回答をするのはNG。本末転倒になってしまいます。

「後ほど対応します」という場合の即レスは、「しっかり時間を確保できるタイミングで検討し、返事します」という意味を含んだレスポンスであることを忘れないようにしましょう。

少し上級の話をしますと、どれぐらい早ければ「即レス」なのかは人それぞれ、そして状況によっても異なります。その〝期待時間〟を少し上回るようなスピードを心がけることも、ほめられる新人には大切なことです。

「1週間以内でいいよ」という依頼に対して、「考えました。私が思うには……」と3分で返せば早すぎです。

上司からは「いや、そんなに急がないから、むしろ十分に考えてから返事してくれるかな」と言われるかもしれません。

ですからまずは「承知いたしました。では5日後には報告できるよう、企画を準備します」というように、めどを伝えるだけの即レスで良いのです。

ビジネスにおいては、すぐに反応することは大切。でもいくら「即レス」でも、自分本位の返事になってしまうと、決してほめられないということなのです。

◇ほめられる新人は「仮説思考」を頭に入れてヒアリングを重視する（ほめられない新人は目の前のことに何の疑問も持たない）

ほめられる新人になるために、皆さんに身につけていただきたいのが「仮説思考」です。仮説思考とは先を読み、「きっとこうだろう」という有力な仮説を立てること。仮説は、自分なりの「仮の答え」と考えると、分かりやすいかもしれません。

仮説を立てることで、その場に立ち止まらず、どんどん先に進むことができます。すると限られた時間の中で成果を出すための動きができるため、結果的に仕事のスピードも質も向上するのです。

若手社員の皆さんが今のうちに仮説思考を身につけておけば、必ず仕事に活き、ほめられることにつながるでしょう。だからこそ今のうちに、ぜひ知っておいてほしいのです。

難しく考える必要はありません。たとえば車に乗っていて渋滞に出くわしたとき、「ひょっとして事故があったのかな？」「今日は何かのイベントでもあるのかな？」などと考えませんか？

そして仮説を立てたら「このままでは待ち合わせ時間に間に合わないから、違う道を行こう」と何らかの対策をとっているはずです。

これも立派な仮説思考。実は日常生活においても、自然と仮説思考を用いているのです。

先ほど、仮説とは「仮の答え」だと伝えましたが、「目標を設定する」ことも、ある意味では「仮説を立てること」と同じ。「目標」という仮説を立てることで、仕事のスピードも質も向上するということです。

目標を設定するときのポイントは、「最高目標」「中間目標」「最低目標」の3つを用意すること。なぜなら段階を設けておくことで、〝実行しやすさ〟が、ぐんとアップするから。

たとえばクライアント先に営業訪問するなら、次のように3つの目標を〝仮説〟として設定します。

「最高目標」は、先日提案したプランを受注すること。「御社にお願いすることにしたよ」と言われたら目標達成です。

「中間目標」は、どれぐらいの予算を想定しているのか相手から聞き出し、次のクロージングに向けての確実なステップにすること。たとえば「前回よりは少しだけ多めに用意できるかな」といった内容が聞ければ、目標達成です。

そして「最低目標」は、ひとまず次回のアポイントをもらうこと。「社内でも検討したいので、来週ぐらいにまた相談したい」といった言葉が引き出せたら、目標達成です。

このように3段階の仮説を設定しておくことで、自分がどのような動きをすればいいのか、イメージしやすくなります。

「受注できればベスト。今日中に受注できなさそうなら予算感だけは聞き出そう。それが無理なら、せめて次のアポイントをとって帰ろう」と考えれば、実行しやすくなるのではないでしょうか。

そして実行して何らかの結果がでれば、検証もできます。そのときいい結果が出なくても、反省点をあぶりだし、次につなげれば良いのです。

営業訪問の例を挙げましたが、仕事とは全てが仮説と検証の繰り返しであり、質の高い仮説を作れるかどうかが成否のカギを握ります。

仕事をするなら、誰もがいい結果を望んでいるはず。ですが、誰にも未来は分かりません。だからといって「いや、どうなるか分からないから……」「うまくいかないかもしれないし」と足踏みしていても、何も進みません。

ぜひ仮説思考を身につけてください。現時点でそろっている情報をもとに、まずは自分なりの仮説を立ててみる。そして行動し、検証する。その動きを積み重ねて、〝ほめられる新人〟になってください。

◇ほめられる新人はあらゆる「スキマ時間」を有効に活用する（ほめられない新人は「スキマ時間」を隙間のままやり過ごす）

受験予備校「武田塾」の有名なフレーズ「スキマ時間を制する者は受験を制す」をご存じでしょうか？

これはビジネスでも言えること。つまり「スキマ時間を制する者はビジネスを制す」ということなのです。

実は、スキマ時間を有効に使えるかどうかこそ、上司からほめられる人材になれるか否かの分かれ道。スキマ時間とは、たとえば次のような時間です。

- 電車やバスの待ち時間
- 電車やバスに乗っている時間
- タクシーに乗っている時間
- ランチの待ち時間
- 休み時間
- 徒歩での移動時間
- エレベーターの中にいる時間
- 飛行機で荷物が出てくるのを待つ時間

これらの時間を、何気なく過ごしていませんか?

たかがスキマ時間、されどスキマ時間です。全てを積み上げていくと、月にして何十時間、年間だと何百時間にも及ぶ膨大な量になります。

この時間をぼんやりと過ごしているなら、もったいない! スキマ時間を活用するか否かで、ビジネスパーソンとしての成長に大きな差が現れることを、ぜひ強く自覚してほしいと思います。

たとえば、資格取得の勉強に充ててもいいでしょう。タクシーに乗っている10分間を使えば、テキストを数ページ読み込むことができるはず。

電車の待ち時間が長いなら、ベンチに座ってパソコン作業もできます。10分もあれば、書類チェックぐらいはできるでしょう。

ちなみに私の場合、ＰＲ用のチラシを作る際には、電車に乗っている間にラフを描き、乗換で降りたらスマートフォンで写真を撮り、デザイナーに送付。説明を音声の録音データにしてメールで送ることがよくあります。

その結果、電車に乗って到着駅の改札を出るまでに、チラシのラフ描きと制作指示は終わっているわけです。スキマ時間を有効に使えば、１日の仕事の密度をどんどん上げていくことができます。

またスキマ時間は、メールの返事やＳＮＳの発信、またチャットワークなどを活用した情報の共有などを手元のスマホで進めていける、有効な時間でもあります。

加えてほめられる新人は、上司や先輩とコミュニケーションを取るだけでなく、自分からスキマ時間を報告することも考えます。

「この後、新幹線に乗りますので、乗車中に報告書を作成し、今日中に送信します」

「先方までのタクシー移動中に、あと5つアイデアを用意します」

このように「スキマ時間に動ける人材」であることが分かると、上司はあなたを「仕事に対する意識の高い人」と評価するようになるわけです。

他の社員とは一味違った時間管理の意識をもつ人間――そんなふうに上司から認識されることで、リモート環境で仕事をする際にも、きっと信頼して仕事を任されるようになります。

スキマ時間の大切さは、リモートワークでも同様です。むしろオンとオフのメリハリのつけ方が難しいからこそ、本来業務をできるだけ効率よく終わらせ、「スキマ時間」を確保することが求められます。

新人がリモートワーク環境で上手な時間管理を行っていくためには、留意すべき点があります。

それは「タスクを後回しにしない」ということ。

新人の場合は、実際にやってみなければどの程度の時間がかかるのか分からない仕事が多くあるでしょう。見通しが立てられない仕事ほど、できる限り早めに着手することが大切です。

タスクが終ったら、要した時間を記録しておきましょう。一定のタイミングで業務の中身の振り返りを行い、作業時間を把握して、効率的に仕事を進められる順番を考えていきます。その積み重ねによって、前章でも説明した自身の〝工程表〟が作れるようになっていくわけです。

もちろん、リモートワーク環境で〝スキマ時間〟を作るには、時間管理に役立つＩＴツールを導入していくことも手近な方法の一つでしょう。便利なツールが数多くリリースされていますので、ぜひ調べてみてください。

出社とリモートワーク、どちらのスタイルであっても、自分のスキマ時間を明確に意識し、いかに上手に活用するかを考えて実践していくことで、３年目以降の圧倒的な実力差となって現れます。

繰り返しますが、「スキマ時間を制する者は、ビジネスを制す」。この言葉をぜひ肝に銘じてほしいと思います。

◎ほめられる新人はオンラインセミナーで積極的に質問する（ほめられない新人は「心ここにあらず」で「聞いているだけ」）

3年目までの若手社員は特に、基礎的な知識を得るための社外研修や講演、セミナーに参加する機会は多いと思います。

「いつもしっかり勉強しようと思って参加するのだけれど、なんだかいまいちモチベーションが上がらないというか……」

そんな悠長な気持ちで〝何となく〟参加してしまっている人も多いのではないでしょうか。

ですが、オンラインセミナーでもリアルの勉強会でも、会社から「行ってきなさい」といわれて臨むとき、成果を得て上司からほめられるのが理想です。

ではどうすれば、セミナーや勉強会で聞いた内容を、自分の力に変えられるのでしょうか？　渋々参加したとしても、内容に集中し、しっかり吸収できるようになる方法があります。

その方法はいたってシンプル。「セミナーが終わった後、質問する」たったこれだけのことです。

多くのセミナーや講演では、講師の話が終わった後に質疑応答の時間が用意されています。そのときに向けて、「質問する」ことを前提に、話を聞く。緊張感やモチベーションは一気に高まるはずで、何の目的意識も持たずにただ「聴いているだけ」の新人とは、成長のための「貯金」づくりに圧倒的な違いがもたらされるのです。

ちなみに質問するといっても、立派な質問をする必要はありません。ふと心に浮かんだ素朴な疑問でいいのです。

結果的にとんちんかんな質問になっても問題なし。なぜなら「何を聞くか?」が大事なわけではないから。質問するために「話をしっかり聞き、自分なりに整理すること」が重要なのです。

ほんのちょっとの勇気さえあれば、誰だって簡単にできること。そうは言っても大勢の聴衆のなかで、「ハイ!」と手を挙げて質問するのなんて絶対に無理……　と思う人もいるでしょう。

極論になりますが、実は実際に質問をしなくても構いません。

だってセミナーの時間が押して、最後の質疑応答の予定が飛ばされるなんてこともよくありますから。

時間切れになって実際に質問できなくても、またはしなくても、自分が質問するつもりで講師の話を聞く。

その過程で得られる論点整理や問題提起に思考そのものに意味があり、話を聞くことのモチベーションを上げていくことが有意義なのです。

またオンラインセミナーや講演では、チャット機能という便利な発信機能があり、コメント欄に自由に質問や意見を書き込むことができますね。

人前での発言に気後れする人は、チャットのコメント機能を活用して、ぜひ積極的に質問や意見発信を行ってみてください。

セミナーや講演、研修で講師の話を聞くとき、「聞く」という姿勢だけでは、受け身になりがち。それだけで終わっては、せっかくの2時間や3時間がもったいないでしょう。

濃密で意味ある時間にするために、質問することを想定し、「自ら攻めていく受講の時間」にしてみてほしいのです。

講師の話のテーマを事前に把握して、自分が得たいと思うことをあらかじめ想定するという「仮説」を立てても面白いはず。

自分の仮説を検証し、疑問を解消するために聞く――　そうした参加姿勢も「攻めの受講」につながります。

こうした意識と思考をもつ習慣をつけていけば、あらゆるインプットの機会を得る中でも、目の前に広がる景色は格段に違ったものになるはずです。

第6章 「ほめられ上手」な人は幸せなキャリアを築くことができる

メンターのいる人の近い将来

- 人の話を聴ける
- 考えて行動できる
- 具体的な目標をわかっている
- 自分に足りないものを知っている
- その解決の最短距離を知っている
- 周囲に気遣いができる
- 人と協力して成果を出せる
- **どの立場であっても謙虚で、尊敬される**

メンターのいない人のすぐ先

- 視野が狭い、素直に受け入れられない
- 裏付けのない自信に満ちている
- 偏った思考から非論理的な結論
- 孤独、孤立し協調できない
- 非効率トライ＆エラー
- 受動的で否定的な言動
- ブレる、一貫性がない
- 大事なことが我流で、他はネットの知識

◇フレッシュマンと言われているうちにたくさんの失敗をしよう

入社したての1年目の新人はもちろん、ようやく仕事や職場に慣れてきたはずの2〜3年目の社員も、会社での経験値の低い若手は、何かにつけて不安だと思います。

当然、失敗もたくさんするでしょう。そして、失敗して叱られる。叱られると自信を失って不安になる。そうするとまた失敗する……。そんな負のスパイラルに陥って、会社に別れを告げてしまう3年目までの社員が多いと感じます。

このマイナスの循環をなんとか断ち切りたい。そう考えて本書を書き進めてきました。ここまで話してきた「ほめられる技術」を身につけることで、誰もが4年目以降の飛躍へつなげていけると信じています。

冒頭にも書きましたが、20代後半から花開くための「ほめられ貯金」は、あなたが「いかにほめられたか」で貯まるものではありません。

むしろ、その逆。入社して3年の間、周囲に「いかに注意・叱られたか」で、あなたの「ほめられ貯金」は増えていく。そのことを肝に銘じてほしいと最初に話しました。

つまりは、失敗していいのです。失敗して叱られる？　上等じゃないですか。まったく問題ありません。

失敗できるのは新人の特権です。むしろ失敗することが仕事だと考えてください。だって失敗するのは、挑戦している証拠。挑戦しなければ失敗もしないわけですから。

注意されて自信を失うのではなく、逆に「次の機会に向かうための答えを手にした」と考えてほしいのです。挑戦して失敗したからこそ、成長するための新たな手掛かりを見つけられたと考えてください。

失敗して指摘されるのは、自分が成長するため。ですから「ほめられるようになるための改善点を教えてもらった」と考えればいいのです。


たとえば「10」の仕事のうち、まだ「2」しかできない新人Aさんと、「5」までできる新人Bさんがいるとしましょう。

Aさんは「できないこと」が多いわけですから失敗し、上司に何度も注意されます。ですがその過程でコツをつかみ、仕事を覚えていきます。

ではBさんはどうでしょうか？　一通りのことは既にできるから、それほど注意を受ける機会はありません。上司も「優秀なBさんなら、自分で何とかするだろう」と考えて、頼りないAさんの教育に時間を割きがちです。

さて3年が経って、両者はどうなったでしょうか?

実は、最初は「2」しかできなかったAさんが、気づけば、「10以上」の実力をつけている。一方のBさんは、まだ「7」止まり…… そんな〝逆転〟の結果が待っていることも多いのです。


断言したいのが、叱られる経験は貴重な糧になるということ。気づきや新しい知識を得ることで、絶対にぐんぐん成長していきます。

「できないことが多い」というのは、見方を変えれば「伸びしろが大きい」ということ。低い地点からスタートするからこそ、伸びたことが分かりやすく、うれしさもひとしお。そうなると「よし、もっと頑張ろう!」と、成長の加速度も一気に高まるわけです。


「上司に注意されてばかりで、居心地が悪い」と感じれば、あなたにとって職場は〝危険地帯〟になってしまいます。

でも、本書でこれまで書いてきたように、叱られることを成長への通過点と考え、ほめられる技術へと昇華できれば、むしろ〝安全地帯〟になります。

「ここなら失敗してもいい。自分の成長を応援してくれる場だ」と安心できたら、どんどん行動することができます。行動した上で失敗し、注意されるのはOK。「挑戦せず叱られない」より、「挑戦して叱られる」方が、何倍もあなたのためになります。

ただし「自分がやってみたかったから」「何でもいいから、とにかくやってみよう」という、場当たり的な行動で失敗するのはダメな例。失敗するなら、「意識の高い失敗」であることが必要です。

「意識の高い失敗」とは、会社の方針を理解し、上司の意向をくみ取って行動した、だけど失敗してしまった……　そういう失敗です。

たとえばあなたの会社が、新しいコンテンツを広めるためのWEBセミナーを企画しているとしましょう。

それならば、「どうすれば集客できるだろう？」「スムーズに運営するには何が必要だろう？」と、いろいろ工夫の余地があるはずです。

そうした試行錯誤の中で失敗しても、次のためのアイデアが得られるため、あなたにとって糧になります。上司があなたを見る目も変わります。

もし失敗して怒られても、「次は頑張れ！」という期待を込められているはず。それはまさに叱咤激励、成長の糧となる「ほめられ貯金」でもあるのです。

◇先輩・上司が「叱りたい新人」こそ期待されている

私は「ほめ育」の専門家として、多くの企業で社員教育のお手伝いをしてきました。その中で、「ほめる」と「叱る」を同じぐらい大事にしています。相反する行為に見えるかもしれませんが、「社員を育てる」という意味においては、目指すところは同じだからです。

社員を伸ばすためには、良いところを見つけ、ほめることが欠かせません。でも、ほめるだけでもダメなのです。改善すべきところはちゃんと叱る、叱る、叱る…。そういう環境でないと、社員は決して成長できないと考えています。

叱るという行為には、新人や若手への大きな期待が込められています。根底には「愛」という感情があり、「成長してほしい」という想いが宿っている。だからこそ叱りますし、皆さんが素直に受け止め、自分が成長するための材料にすれば、その蓄積がゆくゆくはほめられる行為へとつながっていきます。

「叱る」「叱られる」という行為に、マイナスの印象を抱く必要はありません。むしろ、ほめられるためのプラスの貯金であることを知ってほしいのです。

もし叱られて滅入ってしまったら、自分一人で負の感情を抱え込んでしまうのは避けましょう。

あなたの周りを見てください。きっと「あの仕事どうなった？」と気にかけてくれる先輩がいるはず。「なんか最近元気ない気がするけど、何かあった？」といつも話を聞いてくれる同僚もいることでしょう。

苦しいなら頼ればいいのです。自分一人で受け止められないなら、周りに助けを求めることも大切です。

飲食店で皿洗いをしていた若い頃、店長に散々叱られてへこんでいたときに、「店が終わったら、ラーメンでも食べに行くか？」と声をかけ、連れて行ってくれる先輩がいました。もう夜中の2時や3時。それなのに私の気が済むまで話を聞いてくれて、最後に「まあ、明日も頑張ろうや！」と言ってくれる。その温かさに、どれだけ救われたでしょうか。そして不思議と「また明日から頑張るか！」と思えたのです。

あなたの周りにも必ずいるはずです。自分の気持ちを受け止め、背中を押してくれる人を見つけるのもまた、成長につながる3年間を過ごすために必要なことと言えるでしょう。

◇「この人に指導されたい」という自分のメンターを見つけよう

「メンター」とは、「良き指導者」「相談者」「恩師」などという意味を持つ言葉です。

先ほどの先輩は、私にとって大切なメンターでした。そしてその後も、私は多くのメンターと出会い、多くの力をもらってきました。

皆さんもぜひ「この人のように生きたい」「この人に指導されたい」というメンターを、ぜひ見つけてください。


メンターは必ずしも「営業成績トップのエース社員」のように、ずば抜けた能力を持つ人である必要はありません。もっと身近な部分で「すごいな」「こんな風になりたいな」と思える人でいいのです。

たとえば、「雰囲気が知的」「おしゃれ」「人の話を聞くのがうまい」「育メン」のように、どこか「いいな」と感じるポイントのある人をメンターとして選べばＯＫ。メンターが一人いるだけで、あなたは会社に居場所をつくることができます。

「あの人が見てくれるから頑張れる。ほめてくれるから頑張れる」

そんな心の支えがあるだけで、伸び伸びと仕事ができます。その結果、自然と力がついてくるのです。

直属の上司から学ぶ点を見つけることができれば、どんな上司にあたっても有意義な時間になります。ですが、直属の上司をメンターと思えないどころか、その上司が苦手で嫌で仕方がない、という人もいると思います。そんなときでも、さじを投げないでほしいのです。

どんな人にも必ず良いところはあります。客観的に見ればきっと、上司の良いところが分かってくるはずです。

たとえば「言うことが細かすぎる」という上司は、皆さんにとっては面倒な存在かもしれません。朝からミスを指摘されると、モチベーションも下がるかもしれません。

でも客観的に見れば「細かいところに気づくだけの分析力がある」ということでもあります。

「言うことが細かすぎるから面倒」ではなく、「細かいところに気づけるのは、なぜだろう?」という目で上司を見てください。きっと学ぶべきところがあるはずです。

気が合わないからといってすぐ「ダメ上司と認定」すれば、損をするのは皆さんです。心をニュートラルにして、良いところや学べるところを探してください。


ちなみにメンターは、一人である必要はありません。そして社外の人でも良いのです。取引先やお客さん、セミナーで出会う講師など、周りにはいろいろな人がいるはず。人ではなく、本に書かれた内容でも構いません。自分にとって刺激になるような〝重要他者〟を見つけることが大切です。


メンターを見つける上で、皆さんには一つ有利な点があります。それは3年目までという期間は、「お客さんや取引先に可愛がってもらいやすい」ということ。

私も飲食店時代、常連客の皆さんから親切にしてもらいました。たとえば、毎週月曜の夜に来てくださっていたOさん。1週間どんなことがあったのか、どんな苦労やうれしいことがあったのか、じっくりと聞いてくれるのです。

店が忙しい土日ではなく、落ち着いている月曜に、しかも遅めの時間に来てくださったのは「ゆっくり話を聞いてあげよう」という優しさだったのでしょう。私にとって思い出深い、大切なメンターの一人です。

あなたが「目標にしたい」と思える人や、あなたのことを本当に心配してくれる人はきっといますから、アンテナを張り巡らせておきましょう。

会社はもちろん、会社の外の世界にも、素晴らしい人がたくさんいます。視野を広く持って眺めてみてください。

◇仕事ができない先輩からの悪魔のささやきに乗らない

あなたの成長を見守ってくれるメンターがいる一方で、日頃から〝悪魔のささやき〟を授けるような〝逆メンター〟もいます。そのささやきの代表例が、「そんなの無理」というネガティブワードです。

私にはずっと、大事にしてきた名言があります。プロバスケットボール・ＮＢＡのかつてのスタープレーヤー、マジック・ジョンソンの言葉です。

『君には無理だよ』という人の言うことを聞いてはいけない。君の人生を考えることが出来るのは君だけだ。君の夢がなんであれ、それに向かっていくんだ」

不断の努力で道を切り拓いたジョンソンらしい熱いメッセージを、私は事あるごとに自分に対してつぶやき続けてきました。

というのも、自分が挑戦しようとしたときに、「そんなの無理」という言葉をかける人が、やはり残念ながらいたからです。

皆さんの周りにも、「無理に決まっている」「やめておいた方がいいよ」とささやく上司や先輩がいるかもしれません。でも気にする必要はありません。いえ、気にしてはいけないのです。

そんな言葉を平気で口にするのは、自分の仕事がうまくいかなくてイライラしている人だったり、社内で夢破れて出世できない人だったりするわけです。だからまともに聞く必要はなく、右から左に聞き流してしまいましょう。

「確かにそうかもしれませんね」と適当に相づちを打ち、「世の中にはいろいろな人がいるな」ぐらいの感覚で聞き流せばいいのです。

そして、先の章でも説明した「視点移動」で、自分への激励に置き換えてしまいましょう。

「そんなの無理」「やるだけ無駄」なんて言葉を聞いたら、「俺は無理だった。でも、君ならできるかもな」「無駄だと思うよ。でも、まあ頑張ってみな」――　そんな助言だと〝翻訳〟して、「ありがとうございます」と肯定的に受け止めてみるのです。

仕事のできない上司や先輩の否定のささやきは、自分への応援と視点を移し替えて、今後の人生へのエネルギーにしてください。

◇「やりがいのある仕事」にできるかどうかは自分次第

この本を読んでくれている皆さんは、何を求めて今の会社に入りましたか？　給与の高さ？　休みの多さ？　そのような労働条件以外に、「仕事のやりがい」を重視した方も多いのではないでしょうか。

「やりがいのある仕事をしたくて、この会社に入りました」もしもそうした気持ちがあるなら、あなたにとっての「やりがい」って何でしょうか？

先ほども出てきた、私の顧問先である某大手食品メーカー。多くの若い大卒社員から、「商品企画に携わりたくて入社しました」「マーケティングに興味があり、この会社を選びました」といった話をよく聞きます。

ところが同社では本人の希望うんぬんに関係なく、入社後はまず工場に配属し、製造の仕事に携わってもらいます。

これは「自社の商品がどのように作られているのかを知ってほしい」という会社の考えがあるため。そして新人社員たちは、製造現場を預かる先輩社員たちから厳しく指導されるわけです。

「もっと、テキパキ動かないと！」

「気になることはないのか？　少しでも早く出勤して質問しないと、成長できないぞ！」

こうした言葉の数々にモチベーションは下がり、「オレはこんな工場現場で働くために、この会社に入ったんじゃない」「こんな仕事にやりがいなんか感じるわけない」とぼやき、「もう辞めてやろうか」といった考えも生まれがちです。

気持ちは分かりますが、この世にやりがいのない仕事なんて、一つもありません。そもそも、最初から「やりがいのある仕事」と「やりがいのない仕事」を分けている時点で、ほめられる新人の行動ではありません。

このときの経験は必ず後から生きてきます。食品メーカーですから、その後で企画や営業など他の部署に行ってからも、工場に関する知識が必要です。工場とのやりとりも発生します。工場経験があった方が有利ですし、コミュニケーションも取りやすいのです。

どんなことも、やってみなくては分かりません。入社3年目までの新人は、まずは「やり遂げる」ことから。かっこいいとか、憧れるとか、短時間で終わるとか、そういった浅い知識で仕事の価値を判断するのではなく、まずは会社から言われたことに、素直に取り組む。その姿勢が大切です。

前向きに取り組んでいれば、自然と意味も分かるし、「やって良かった」というやりがいも感じられるもの。そうした人が、会社にとっての「ほめられる人材」であるわけです。

本当の意味でのやりがいを最初の3年間で理解してください。そのためにもまず、目の前の仕事に全力を尽くしてほしいと思います。

◇入社後3年間はワーク・ライフ・バランスよりも「ワーク・ライフ・ブレンド」

「ワーク・ライフ・バランス」とは、「仕事と生活を調和させること」という意味。時代とともに仕事に対する考え方や働き方も変わり、注目されるようになりました。

そもそも「ワーク・ライフ・バランス」という言葉が登場したのは、今から約20年前のこと。きっかけとなったのは、平成19年12月に開催された厚生労働省の「ワーク・ライフ・バランス推進官民トップ会議」。このときに「仕事と生活の調和（ワーク・ライフ・バランス）憲章」及び「仕事と生活の調和推進のための行動指針」が策定されたことが始まりだと言われています。


皆さんもきっと「ワーク・ライフ・バランス」を重視していることでしょう。就職活動をするときに「休日数が多い」「残業時間が短い」といったことを、会社選びの基準にした方も多いはずです。

もちろんその会社で長く働き続けるには、こうしたワーク・ライフ・バランスに重きを置くことは重要です。仕事が終わった後にどれだけ自分の時間を確保できるかは、生活や人生を豊かにしていくための大事な要素と言えるでしょう。

ただしワーク・ライフ・バランスを重視するためには、一つだけ満たすべき条件があると、私は考えています。それは「入社4年目以降である」ということです。

４年目にもなると、仕事も一通り理解し、会社のこともある程度は分かっているでしょう。ですから「プライベートを充実させたいから」と、仕事をないがしろにする心配はさほどありません。

でも３年目までだと、そうはいきません。「自分の時間を大事にしたい」という思いが強くなり、仕事の比重が下がってしまうことが少なくないのです。

３年目までの社員が意識すべきは「ワーク・ライフ・バランス」ではありません。「ワーク・ライフ・ブレンド」なのです。

ワーク・ライフ・ブレンド。この言葉を聞いたことのある人は、どれくらいいるでしょうか。

これは「仕事は仕事」「プライベートはプライベート」と切り分けて考えるのではなく、両者を融合させるというスタイル。仕事もプライベートもブレンドして、人生をより良くしていこうという考え方です。

毎日定時に帰って、自主勉強もせずにいられたら、確かに楽でしょう。最初のうちは良い結果も出るかもしれません。でも多くの場合、それは〝たまたま〟。長くは続かず、ほとんどの人がしっぺ返しをくらいます。

ですから最初の3年間は絶対に「ワーク・ライフ・バランス」を重視すべきではありません。とにかく3年間は愚直にコツコツと、大量行動を心がけて、仕事とプライベートをブレンドすることが大事なのです。


たとえばプロ野球選手もプロサッカー選手も、「ワーク・ライフ・バランス」なんて意識していない人が大半でしょう。「趣味も楽しみたいので、練習は5時まででお願いします！」なんて選手はいないはず。仮にいたとしても、どこかで頭打ちになり、成長が止まるに違いありません。

「プロスポーツ選手じゃないから……」と思ったかもしれませんが、いやいや同じです。あなたも社会に出て、自分のスキルで給与をもらっているのですから、立派なプロ。同じように練習しなければいけないし、うまくなるまではオフの時間も惜しむべきなのです。

スキルや経験をある程度積んだ後ならいいですが、そこまで到達しない3年間は、とにかく可能な限り、自分の成長のための時間に充てるべき。つまり4年目以降に飛躍したければ、最初の3年間はプライベートを後回しにする覚悟を持つこと。オフの時間もビジネスパーソンとして成長するための土台作りに充てましょう、ということです。

ちなみに「ワーク・ライフ・ブレンド」とは、「汽水域」という言葉でも言い表すことができます。

汽水域とは、海水と淡水の入り混じった水域のこと。川が海に流れ込んでいる河口部は、汽水域の代表例です。ここは異なった性質が入り混じることで、プランクトンが最も多い濃密な場所と言われています。

会社での仕事が終わり、完全なオフ時間になるまでの数時間。ここはまさに「汽水域」です。

もちろん就業時間が終わっているわけですから、仕事をする必要はありません。完全に「オフ」にしてしまっても良いのです。

ですが皆さんは「ワーク・ライフ・ブレンド」を意識して、そのオフの時間にも、仕事を無理なく溶け込ませてほしいのです。

たとえば、「会社からの帰宅後にビジネス書を読む」「休日を使って資格取得の勉強をする」といった例が挙げられます。休日に勉強会やセミナーに参加したり、異業種交流会に参加して人脈をつくったりするのも一例です。

何も考えずにぼんやりとその時間を過ごすのか、意図して何かに活用して実のある時間にするのか。その習慣によって、4年後の成長の度合いは明らかに違うものになります。今は「バランス」ではなく「ブレンド」を意識すべき時期です。そしてぜひ飛躍するための土台にしてほしいと思います。

◇自分の「数字」に克つことでほめられる社会人になろう

皆さんも、「運動会の徒競走で順位をつけない小学校が増えている」という話を聞いたことがあると思います。リレーもタイムを事前に計り、均等になるようにリレーのチームを組む学校が多いと聞きます。

徒競走で順位をつけないということに関しては、賛否両論あるでしょう。賛成する人は「速く走れる人は良いけれど、遅い人は嫌な思いをすると思う」と考えます。そして反対する人は、「結果が良くなくても、次は頑張ろうという目標ができる。その機会をなくすのは良くない」と考えるわけです。

どちらの意見も一理ありますが、私自身は「別に順位をつけなくてもいい」と考えています。ただし全体における「順位」を気にしなくても、「自分のベストと比べてどうだったのか？」ということは気にしてほしい。なぜならその意識が、「もっと成長したい！」という力を与えてくれるからです。

社会人になった皆さんも同じ。あなた自身が立てた「数値目標」は必ず意識すべきなのです。

たとえば「今月は売上３００万円」といったように、必ず数値目標があるはずです。会社が設定しているケースもあるでしょうが、それを自分の目標として腹落ちさせ、「絶対に達成する！」という強い意志を持つ。これは他者との競争でなく、己れとの闘いという「克己」の心です。

「克つ」とは自分に勝つこと。単なる「勝つ」よりも深い意味があります。

他の人より優れることが大切なのではありません。「自己ベストと比べてどうなのか？」を追究し、上回るための行動をし続けることが大切なのです。

数値目標を達成するためには、必ず自分との闘いが必要になります。

「こんな売上、あと１週間で達成するなんて無理、荷が重すぎる……」とくじけそうになっても、「いや、絶対大丈夫」と気持ちを奮い立たせる。「トラブル続きで、うまくいく気がしない」と泣き言を言いたくなっても、諦めずに粘って、必ず解決の糸口を見つける。

こうした「克己」の習慣が、入社3年目までの新人にとっては極めて重要なのです。

この習慣を身につけることができず、数字に負けて「まあいいや」と妥協すると、次もまた頑張ることができません。こうして〝負けグセ〟がついてしまうことほど恐ろしいものはありません。

「三つ子の魂百まで」とはよく言ったもので、入社後3年のうちに負けグセがついてしまった人は、極めて高い確率で抜け出すことができないからです。「別に目標なんか…」「どうせ無理だし」という「負けのスパイラル」から抜け出すのは容易ではなく、マイナスの社会人人生がすでに始まっているのです。

自分に勝つための数値目標は、クリアできなければプロでは即刻解雇になる可能性もあります。

「仕方ない、次頑張ろう」と思っても、その〝次〟がないかもしれません。プロの世界においては、そういう意識でいなければならないのです。

大事なのは、数字に対してやり切る力です。達成しようと本気で努力する人間、および達成できなかったときに心底悔しがる人間。それが、〝数字からほめられる社会人〟です。悔しさがなくなったらもう終わり。努力もしないし、次に見返してやろうと思いません。どの世界でも同じで、きっと成長は止まります。

一般的に管理分野や技術職など、数字的な目標設定がしにくい職種もありますが、それでも何らかの目標を立てることはできるでしょう。

「いつもは1時間かかる経理作業を、50分で終わらせる」「新製品のアイデアを今月中に5つ提案する」といった数値目標なら、きっと立てられるはずです。

入社後3年間でどれだけ数値目標を意識し、自分に克ち続けることができるか？　その積み重ねが、成長へのカギを握ることを忘れないでほしいと思います。

◇成果につながるプロセスを記録して「勝ちパターン」をつくる

これまで折に触れて、「仕事は仮説と検証の繰り返しである」という話をしてきました。

この思考を早い段階で身につけることは、「自分の勝ちパターン」をつくることにもつながります。

プロジェクトや案件に挑戦した際、自分がどうやって成功したのか、逆になぜ失敗したのか。プロセスや結果の記録を蓄積していくことで、仮説と検証を「見える化」する。最初はただの記録ですが、溜まってくると何らかの法則が見えてきます。そして「自分の勝ちパターン」が見えてくるわけです。

自分の勝ちパターンが入社後3年のうちに分かれば、しめたもの。4年目以降も10年目以降だって、自身が培った「成功のレシピ」を振り返り、確実な成果へとつなげていくことができます。

これをやれば売上が上がる、こうすれば効率的に仕事が回せる、このようにアレンジして組み合わせを図ればうまくいく——　成功確率の高い仮説を立てることが可能になり、「できるはずだ」という根拠のある自信が備わっていくわけです。

そのためにも、入社後の3年間は特に、自身の「仕事の記録」を蓄積していく習慣をつけることがとても大切です。

自分が以前に「できたこと」をベースにして成功のセオリーをつくりだす。つまりは自分自身の成功法則を3年間で確立するわけです。

たとえば、おすすめの手帳があります。30万部以上売れている「CITTA手帳」ですが、参考までに紹介しますのでぜひ活用してみてください。

手書きで手帳を書くメリットは、潜在意識に定着する比率がタイプ打ちとは全く違うのです。

キーボードでタイプする時に必要な指の動作は8種類しかないのに比べ、手書きの時に使う指の動作は1万種類もあります。（参考文献『ブレイン・プログラミング』より）

やりたい事をタイプで打つより、手書きで書いた方が達成するのはこの為です。

またCITTA手帳には、24時間を俯瞰するウィークリーがついておりCITTAノウハウに「寝る時間を決める」が必須にあります。

睡眠を削って、脳疲労を蓄積するダメージは翌日のパフォーマンスに響きます。働くビジネスマンにおいて健康管理が、何よりも大事な資産管理なのです。

自分に必要な睡眠時間を算出し、起きる時間を決め、寝る時間を必ず守ってください。手帳にあらかじめ就寝時間を書けば、無駄な飲み会には行かない習慣が身に付き、自分の時間を大事にするようになります。

CITTA手帳を書くことにより、入社3年目までに身につけるべき大切な事が習慣になり社会人の土台になるのです。

◇「ほめられ上手」は将来、「愛され上司」になる

これまで入社3年目までの「ほめられる技術」について書いてきましたが、この「技術」を会得した人は、将来の長きにわたって「幸せになる力」を手にすることができます。

20代後半から30代、さらには40代と圧倒的な成長を手にするとともに、「愛される上司になる」という幸せを得られます。

どうすればほめられるか、ほめられれば一体どれほどうれしいか？　そうしたことを自分が体験しているので、逆にほめることが上手になるわけです。必然的に〝愛され上司〟になるということですね。

会社に入って、まずは叱られることから「ほめられ貯金」という学びがたまり、それを実践という形に変えて引き出すことで、ほめられる行動へつながると説明してきました。甘ったるい〝おだて言葉〟では、あなたは成長しません。ほめられ、叱られる。叱られる中で成長し、ほめられる。その大切さを理解したあなたなら、今度は部下にそのことを引き継いでいけるはず。

本音の言葉で叱られ、それを「ほめられる」ことへの大切な土台として吸収できたあなたは、必ず部下に信頼されます。本当の意味での「愛され上司」になるはずなのです。

私が食品会社で働いていた時代、毎日のように叱っていた若手社員がいました。ですが、経験を積むにつれて彼はぐんと成長。仕事を理解するようになり、成績も伸び、ほめ言葉もたくさんかけられるようになりました。

若手だった彼も今では、管理職になっているとのこと。

そして、部下との関係性は抜群に良いのだそう。何でも相談してもらえる、頼れる上司になっていると聞きました。

彼は入社以来、とにかく素直で、「何でも吸収したい」「何でも教えてほしい」という、プラス受信ができる社員でした。

だから何でもアドバイスしましたし、思慮や意識の足りない失敗をしたときには、遠慮なく叱りました。それを糧にして、自分の成長へとつなげていける素直さ、誠実さがあったのです。

そのプロセスの全てが、彼にとっては良い思い出だったと、後になって話してくれました。

「原さんにはたくさん叱られましたけど、同時にたくさんのことを教えてもらいました。叱られた中身を自分で咀嚼しながら次につなげてうまくいけば、思いっきりほめてもらえたのが本当にうれしかった。その一つひとつをよく覚えていますし、自分が部下を教えていく上での土台になっています」そんなうれしい言葉をかけてくれました。


ほめられ上手な部下は、やがて自分の経験を自分の部下や後輩にも同じように伝えたいと考えます。

経験は記憶によって自分に宿るわけですが、インパクトのある経験でなければ記憶に刻まれることはなく、ノウハウとして自分に備わることもありません。

だからこそ、入社後の3年間という最も多感な時期に、インパクトの強い体験をして、自分の記憶の中に明確に残していくことが大事なのです。

それは何かというと、思いっきり叱られ、思いっきりほめられること。そして、思いっきり挑戦して、思いっきり失敗することです。それが許される特別な期間が、入社後の３年間であることをぜひ胸に刻んでください。

そのすべてのプロセスを吸収する素直さと誠実さがあれば、３年間の経験はきっと将来のあなたを支えてくれる、この上ない財産になるに違いないでしょう。

◇「可愛げ」を身につけて、30代からの圧倒的な成長を手にしてほしい

この本の最後に、私は若い皆さんにこう伝えたいと思います。

ぜひ、「可愛げ」のある人になって、自らの人生を切り拓いていってください――ということです。

可愛げというのは、20代前半の若い人にとってのかけがえのない魅力。

上司や先輩たちは皆さんを見て、「助けてあげたい」「サポートしたい」「成長させてあげたい」と思います。

人間関係というものが存在する限り、誰だって可愛げのある人を好みます。ぜひ多くの若手社員に、この「可愛げ」を身につけてほしいのです。

では、可愛げの定義ってなんでしょうか。

私はいくつかあると思っています。まずは、素直であること。これは絶対です。

そして、明るく正直であること。さらには、好奇心旺盛で目の前のことに感動できること、失敗しても飾らず自分を笑い飛ばせること、人との縁を大切にできて、感謝の気持ちを持てること。こうしたことも可愛げにつながります。

さらに言えば、自主的に恥をかけること、単純作業を率先してできること、謙虚に人に頼ることができること。こうしたことも可愛げと言えるでしょう。

分からないことがあれば、「教えてください」と素直に表現しましょう。

新人にとって、知らないことは恥ではありません。明るく正直に、自分を飾らず「すみません、知らなかったので、今後のためにぜひ教えてください」と気持ちをぶつけ、教えてもらったことは誠実に実践します。

好奇心をもって新しい知見を得られたなら、そのことに感動して自分への糧にしましょう。

そして助言のおかげでうまく運んだなら、必ず教えてくれた人にお礼を伝えます。どれだけ時間がかかっても、成功すれば必ず感謝の気持ちを伝えるのです。

社会人３年目までの「ほめられる技術」。

人生は20代の「ほめられ貯金」で決まることを自覚し、この本を読んでくださった全ての方が、30代、40代での圧倒的な成長を手にすることを願っています。

◇あとがきとして～「1・5倍の熱意」を持ち、「苦労」をいとわない3年間を

最後までお読みくださりありがとうございました。

あとがきの場をお借りして、若い皆さんへのメッセージとして、本編で触れられなかった想いについて記しておきたいと思います。

かつては、スポーツやビジネスが「根性論」で語られることが多々ありました。時代は変わって、「根性」は通用しない世の中になっています。

昭和世代のあなたの上司も、「根性を見せろ」とは言わないはず。ですが、「新人の頑張り」が高く評価される風潮は、いまだに根強く残っています。顔が見えないリモートワークやオンラインコミュニケーションの場では、なおさらでしょう。

本編でも書きましたが、上司はあなたの顔が見えないときに、頑張っているのか、頑張っていないのか、評価しづらいと感じます。

そんなときには、「1・5倍の法則」を心がけてください。

「はい！」「承知いたしました、やります」「○○日までに仕上げます！」といったポジティブなレスポンスの速度、頻度、熱意を「1・5倍」にすることで、上司にあなたの頑張りが伝わります。

これが「1倍」のトーンだと、顔の見えない場面では、思った以上に事務的、そして消極的に受け取られてしまうのです。

また「ありがとうございます」「おかげさまで」といった感謝の気持ちも「1・5倍の量」を伝えることで、人間関係が良好になり、信頼度もアップします。

実は新人が「1・5倍の頑張り」を見せることで、本人の評価が上がるだけでなく、時に「先輩社員を鼓舞すること」にもつながるのです。

人生とは、自分が主人公の物語です。社会人人生の序章である新人時代に、「1・5倍」の熱量をもって走り抜けば、間違いなくあなたの人生はドラマチックな展開となるでしょう。こうした熱意を、ぜひ若い皆さんは忘れないでください。

遠慮はいりません。そうした熱意から生み出されたアクションであれば、その結果にかかわらず、「ほめられる資格」があるのです。

そう強く自覚して、人生においての極めて重要な「社会人3年目」までの時期で、あらゆる事柄に果敢に挑戦してほしいと思っています。


最後に、皆さんは「若い時の苦労は買ってでもせよ」ということわざを知っていますか？

若いときにする苦労は、必ず貴重な経験となって将来役立つという意味ですが、このときの「苦労」には、たくさんの意味が含まれます。

それは「切磋琢磨」であり、「努力」や「挑戦」「忍耐」、そして「叱咤」も挙げられるでしょう。

これらが掛け合わさることで、あなたにもたらされるもの。それが「成長」であり、10年後や20年後の「飛躍」です。

ですから「苦労」から決して目を背けることなく、面倒なことでも嫌がらずにやり切る習慣をつけてほしいのです。


本編でも書きましたが、「叱られているうちが華」です。

誰しも、叱られるのは嫌なもの。しかし、人は人によって磨かれていきます。私自身、本当に多くの人にほめられ、そして叱られてきました。そのおかげで今、本当に充実した毎日を送っています。

「入社後の3年間、質の高い苦労をしてきて本当によかった！」と心から思っていますし、
その頃の上司に心から感謝しています。

30代や40代にぐんと成長する基礎を築けるのは、今しかありません。

あなたの社会人人生の充実を心からお祈りして、ペンを置きたいと思います。

原　邦雄（はら・くにお）
一般社団法人ほめ育コンサルタント協会 代表理事
ユネスコ（国連 教育科学文化機関）Inclusive Policy Lab 研究員、海外 TEDx 5 回登壇、2021 年、2022 年 TEDxTALK2 年連続世界一（再生回数）
世界教育サミット 2024 登壇、
オマーン AI サミット 2024 登壇
日本発の教育メソッド【ほめ育】を開発し、企業の離職率ダウン、生産性向上に貢献することがミッション。
ほめ育導入は 600 社以上、世界 20 か国に広がっている。
AI 革命が来た時代だからこそ、自分の軸ができる〝自分ほめ〟〝一日一ほめ〟など、自尊心や自信を醸成する講演・研修などの依頼多数。
著書は 30 冊。（英語、中国語、韓国語、スペイン語、タイ語にも翻訳）
テレビ朝日「報道ステーション」、ＮＨＫ「おはよう日本」、The Japan Times、NHK ワールド、日本テレビ「午前 0 時の森」、フジテレビ「ホンマでっか！？TV」などメディア出演多数。
趣味はトライアスロン、ピアノ、モットーは「意志があるところに道はある」

URL : https://homeiku.jp/

社会人（しゃかいじん）3 年目（ねんめ）までの、ほめられる技術（ぎじゅつ）

2024 年 4 月 3 日　　初版発行

著　者　原　邦雄
発行者　和田智明
発行所　株式会社 ぱる出版

〒160-0011　東京都新宿区若葉 1 - 9 - 16
03（3353）2835－代表
03（3353）2826－FAX
印刷・製本　中央精版印刷（株）
本書籍に関するお問い合わせ、ご連絡は下記にて承ります。
https://www.pal-pub.jp/contact

ISBN978-4-8272-1415-4　C0034